Federalismo

uma introdução

George Anderson
FÓRUM DAS FEDERAÇÕES

Federalismo
uma introdução

TRADUÇÃO FINAL E REVISÃO TÉCNICA
Fátima Guerreiro

FGV EDITORA
Idesp

ISBN — 978-85-225-0734-4

Título original — *Federalism: an introduction*

Direitos desta edição reservados à EDITORA FGV
Rua Jornalista Orlando Dantas, 37
22231-010 | Rio de Janeiro, RJ | Brasil
Tels.: 08000-21-7777 | 21-2559-4427
Fax: 21-2559-4430
E-mail: editora@fgv.br | pedidoseditora@fgv.br
www.fgv.br/editora

Impresso no Brasil | *Printed in Brazil*

Este livro foi editado segundo as normas do Acordo Ortográfico da Língua Portuguesa, aprovado pelo Decreto Legislativo nº 54, de 18 de abril de 1995, e promulgado pelo Decreto nº 6.583, de 29 de setembro de 2008.

1ª edição — 2009

TRADUÇÃO: Ewandro Magalhães Jr.
TRADUÇÃO FINAL E REVISÃO TÉCNICA: Fátima Guerreiro
PREPARAÇÃO DE ORIGINAIS: Mariflor Rocha
REVISÃO: Fatima Caroni e Marco Antônio Corrêa
CAPA E DIAGRAMAÇÃO: Santa Fé ag.

Ficha catalográfica elaborada pela
Biblioteca Mario Henrique Simonsen / FGV

Anderson, George
Federalismo : uma introdução / George Anderson; tradução, Ewandro Magalhães Jr., Fátima Guerreiro. — Rio de Janeiro : Editora FGV, 2009.
116 p.

Tradução de: Federalism : an introduction
Inclui bibliografia.
ISBN 978-85-225-0734-4

1. Federalismo. I. Fundação Getulio Vargas. II. Título.

CDD – 321.02

Sumário

Agradecimentos

Este livro jamais poderia ter sido escrito sem o benefício de inúmeras obras fundamentais sobre federalismo. Menção especial deve ser feita a *Comparing federal systems*, de Ron Watts, fonte primária de muitos dos resumos comparativos e boxes. Ron, meu antigo professor e diretor fundador do Fórum das Federações, também revisou o texto, chamando a atenção para diversos pontos e partilhando generosamente os resultados da pesquisa sobre arranjos fiscais atuais em federações, material reunido por ele para a terceira edição de seu clássico livro. Também me beneficiei bastante do programa Diálogo Global, do Fórum das Federações, que já produziu quatro títulos significativos, além de seis livretos. Outras fontes importantes estão registradas nas sugestões de leitura adicional.

A versão inicial deste livro foi lida por muitos amigos acadêmicos, que contribuíram com valiosos comentários: Miguel Angel Cabellos, David Cameron, Harvey Lazar, Peter Leslie, Johanne Poirier, Richard Simeon e Marie-Joelle Zahar. Meus colegas do fórum, Raoul Blindenbacher, Celine Auclair, Rupak Chattopadyhay e Rod Macdonell, contribuíram, também, com comentários e outras questões. Ernest Hillen e Marta Tomins fizeram um grande trabalho de edição, tendo Marta me proporcionado acesso a David Stover, da Editora Universitária de Oxford, no Canadá. Yash Ghai e Jill Cottrell, em Katmandu, demonstraram grande entusiasmo na tradução da primeira versão para o nepalês. No Brasil, foi fundamental o apoio de Fátima Guerreiro, que incluiu a adaptação e a cuidadosa tradução final para o português; de José Raimundo Trindade, presidente do Fórum Fiscal dos Estados Brasileiros, de quem recebemos incentivo determinante; e de Celina Souza, que nos brindou com o prefácio para esta edição. Minha mulher, Charlotte Gray, ofereceu o modelo que me permitiu chegar a uma prosa clara e... muito mais.

Prefácio à edição brasileira

A iniciativa do Fórum das Federações e do seu presidente, George Anderson, de publicar este livro, deve ser muito bem-vinda pelo público brasileiro. Destinado principalmente àqueles envolvidos na complexa tarefa de governar os três níveis de governo da federação brasileira — municipal, estadual e federal —, a leitura deste livro também deve contribuir para o melhor conhecimento do tema do federalismo por profissionais de outras áreas que analisam ou interagem com os governos, tais como os integrantes da mídia e das organizações não governamentais, assim como os cidadãos que buscam informações mais detalhadas sobre o funcionamento de uma forma de governo na qual a autoridade governamental é partilhada entre três diferentes instâncias territoriais.

O livro traz informações sobre os 28 países federais hoje existentes no mundo, nos quais vivem 40% da população mundial. Nos seus 10 capítulos, o autor oferece ao leitor informações sobre como as federações foram criadas; o papel das unidades constitutivas; a distribuição de poder e de recursos financeiros entre as esferas de governo; o papel das instituições do governo central; as regras constitucionais que regulam cada sistema; as relações intergovernamentais; e como os países enfrentam a difícil tarefa de toda federação: conciliar a unidade territorial com a diversidade das unidades constitutivas da federação. Essas informações permitem ao leitor entender melhor a grande variedade constitucional, legal e operacional das federações e como cada país encontrou suas próprias soluções para conciliar os diferentes interesses das suas unidades constitutivas.

Se, como bem mostra este livro, não há modelo único de federação, as questões enfrentadas pelos países que optaram pelo modelo federativo são comuns e revolvem em torno de como distribuir poder, autoridade e recursos dentro de um mesmo território e como conciliar o objetivo último das federações: preservar a unidade territorial e assegurar a diversidade. Se as questões são comuns, as soluções são diversas e dependentes das características históricas, políticas, econômicas, sociais, culturais de cada país.

Há mais de um século, o Brasil adotou o federalismo como uma das suas instituições políticas. Desde então, o país conviveu com grande variedade de arranjos federativos e experimentou períodos de autoritarismo e de regime democrático. O federalismo como instituição sobreviveu às mudanças de regime político, adaptando-se, contudo, aos seus objetivos e aos novos contextos econômicos, inclusive internacionais. Durante a vigência das sete constituições que regeram as instituições brasileiras após a República, as regras relativas ao federalismo, embora fazendo parte do corpo constitucional, foram sendo modificadas a partir das mudanças nos contextos político e econômico e da expansão do papel e das funções dos três níveis de governo, neste último caso transformando também as relações intergovernamentais. Assim, o federalismo brasileiro, tal como o dos demais países, adaptou-se às agendas de outros sistemas, como o político e o macroeconômico.

A despeito dessas adaptações e do reconhecido fortalecimento da federação após a redemocratização, o federalismo brasileiro permanece submetido a várias tensões. Entre essas tensões, destacam-se: a) a federação está assentada em alto grau de desigualdade entre as regiões, estados, municípios e até mesmo no interior de muitos municípios; b) a federação conta com escassos mecanismos de coordenação e cooperação intergovernamentais, tanto vertical quanto horizontal, coibindo a criação de canais de negociação que tornem a ação coletiva entre os entes federados mais baseada na cooperação e em regras operacionais do que na coerção das regras legais e constitucionais.

A leitura deste livro pode nos ajudar a formular alternativas para o aperfeiçoamento do federalismo brasileiro, subsidiando o debate nacional e a elaboração de propostas que podem ser desenhadas nas instâncias governamentais e não governamentais ligadas ao tema, tais como o Fórum Fiscal dos Estados Brasileiros (FFEB). Aprender com a experiência de outros países federais, não copiá-la, é o que o autor espera com a publicação deste livro.

Celina Souza
PESQUISADORA DO CENTRO DE RECURSOS HUMANOS
DA UNIVERSIDADE FEDERAL DA BAHIA

Prefácio

Esta introdução ao federalismo foi escrita, principalmente, em benefício de agentes governamentais — políticos, funcionários, jornalistas, membros de organizações não governamentais, de organismos internacionais e cidadãos participativos — que tenham interesse em federalismo, sobretudo no federalismo adotado em seus próprios países ou em outras nações específicas. Provavelmente se perguntam: "O que posso aprender com a experiência de outros países federais para melhor compreender a natureza, as escolhas e mesmo as limitações com as quais um país poderá se deparar se quiser desenvolver ou alterar sua forma de federalismo?". Espera-se, também, que os aprendizes do federalismo encontrem no livro uma visão geral útil e concisa.

O livro emprega linguagem simples e usa minimamente os jargões. Apresenta os pontos essenciais de maneira direta e acessível, útil àqueles envolvidos nos debates políticos ou na formulação de políticas.

Não há receita específica para o federalismo. As sociedades são complexas e moldadas a partir de múltiplos fatores. Assim, este livro é menos sobre "como" fazer e mais sobre "o que é preciso considerar". Esboça fatores que podem ser tidos como relevantes e oferece uma noção de como se desenvolvem. O conjunto desses fatores nunca estará completo e, dependendo do contexto, pode desenvolver-se de modo bem distinto. Portanto, às informações deste volume precisa-se somar uma boa dose de conhecimento a respeito do país em análise. Ainda assim, a experiência é relevante. Constitucionalistas respeitados, por vezes, têm-se mostrado surpresos ao perceberem como suas fórmulas funcionam na prática.

O livro abrange 10 capítulos, divididos em seções. Cada seção se inicia com um texto em destaque sintetizando seus pontos-chave. Pode-se ter uma rápida visão do conteúdo pela simples leitura desses textos. Em seguida, elaboram-se as ideias e apresenta-se material adicional. Há, ainda, caixas de texto com exemplos das experiências em diferentes federações, destacando aspectos particulares do federalismo. Estas são meramente ilustrativas, não exaustivas. Oferecem uma ideia do rol de possibilidades. Podem ser lidas aleatoriamente ou mesmo desprezadas. Espera-se, com essa forma de apresentação do material, flexibilizar o uso, facilitar a compreensão e atender às distintas necessidades dos leitores. Trata-se de uma introdução ao tema e muitos leitores desejarão aprofundar seus conhecimentos. Se, de fato, o livro lhes inspirar novas leituras, tanto melhor. Uma relação sucinta de sugestões é fornecida no final.

O Fórum das Federações tem presença ativa em seis continentes e pretende fazer intenso uso deste livro, escrito para suprir a demanda por uma obra concisa e não acadêmica, que contemple uma visão geral sobre federalismo. Desde já, agradecemos as sugestões que contribuam para melhorar as edições subsequentes.

George Anderson
PRESIDENTE E CEO DO FÓRUM DAS FEDERAÇÕES

1
Introdução geral ao federalismo

A importância do federalismo

O federalismo tem importância crescente no mundo.

- Vinte e oito países, que abrigam mais de 40% da população mundial, se autoproclamam federativos ou são amplamente considerados como tal.
- Quase todas as democracias de grande extensão territorial ou muito populosas são federações.
- Com a democratização, Argentina, Brasil e México estão se tornando cada vez mais federais.
- Bélgica, Etiópia e Espanha são exemplos de Estados unitários que se tornaram federais.
- O federalismo foi adotado em áreas de pós-conflito na Bósnia, República Democrática do Iraque, Sudão e África do Sul. Também está sendo cogitado no Sri Lanka e no Nepal.
- A União Europeia apresenta diversas características de uma federação.

Federações do mundo

África do Sul, Alemanha, Argentina, Austrália, Áustria, Belau, Bélgica, Bósnia-Herzegovina, Brasil, Comores, Canadá, Emirados Árabes Unidos, Espanha, Estados Unidos, Etiópia, Índia, Iraque,* Malásia, México, Micronésia, Nigéria, Paquistão, República Democrática do Congo,* Rússia, St. Kitts e Nevis, Sudão,* Suíça e Venezuela.

*Sociedades em situação de pós-conflito, cujas Constituições federais ainda não se encontram consolidadas.

Variações do federalismo

O federalismo se apresenta em muitas variedades e contextos.

As federações diferem bastante quanto à composição social, econômica e institucional. Incluem países muito grandes e muito pequenos, países ricos e pobres, com população homogênea ou muito diversificada. Algumas federações são democracias bem sedimentadas, ao passo que outras têm histórias mais recentes e processos conturbados de democratização.

As estruturas federais — arranjos institucionais internos — variam bastante. Há federações com apenas duas unidades territoriais e outras com até 80. Algumas federações são altamente centralizadas, concentrando todo o poder nas mãos do governo federal,[1] enquanto outras apresentam intenso grau de descentralização e conferem considerável autonomia às unidades constitutivas. Em algumas, verifica-se uma clara separação de poderes entre o governo central e os governos subnacionais, em outras existe ampla superposição desses poderes. Algumas têm sistema de governo parlamentarista, com a presença de um primeiro-ministro, ao passo que outras são presidencialistas e contam com instituições congressuais. Podem adotar um sistema de representação proporcional ou majoritário. Podem ter apenas dois, ou admitir a presença de diversos partidos políticos. Algumas são estáveis e harmônicas, mas também há federações instáveis e divididas. Todos esses fatores afetam o funcionamento e o sucesso dos diferentes regimes federativos. Não há modelo único e apropriado a todas as circunstâncias. Essa multiplicidade de formatos é um dos pontos mais fortes do federalismo.

Características comuns ao federalismo

A despeito das muitas diferenças, alguns traços comuns distinguem o Estado federal das demais formas de Estado.

---

[1] Apesar de muitas federações se referirem ao governo central como "federal", outras resistem a usar esse termo. A Índia tem o governo da União; a Espanha, "o Estado"; a África do Sul, o governo nacional; a Austrália, o governo da *Commonwealth*. Este livro usa tanto "central" quanto "federal" para aludir ao governo com responsabilidades nacionais.

As características a seguir fazem com que um Estado, em geral, seja considerado federal.

- **Mínimo de dois níveis de governo**, um com jurisdição sobre todo o país e outro com jurisdição regional. Cada governo tem relação eleitoral direta com os cidadãos. As regiões podem receber diferentes denominações. Aqui, nos referiremos a elas como "unidades constitutivas" da federação.

Exemplos de denominação das unidades constitutivas

As denominações mais comuns para as unidades constitutivas são *Estado* (**Austrália, Brasil, Etiópia, Índia, Malásia, México, Nigéria** e os **Estados Unidos**) e *província* (**Argentina, Canadá, Paquistão, África do Sul**). Outros termos são *Länder* (**Áustria e Alemanha**) e *cantão* (**Suíça**). Na **Bélgica**, há tanto *regiões* quanto *comunidades* e na **Espanha** há as *comunidades autônomas*. A **Rússia** tem *regiões, repúblicas, áreas autônomas, territórios* e cidades federais. Em algumas federações pequenas há, também, as *ilhas*.

- **Uma Constituição escrita**, contendo partes que não podem ser alteradas pelo governo federal. Grandes emendas com impacto sobre as unidades constitutivas geralmente requerem a anuência das próprias unidades e do governo federal.
- Uma Constituição que atribui formalmente competência legislativa, inclusive na área fiscal, aos **dois níveis de governo** e lhes assegura de algum modo **autonomia genuína**. Não obstante, a forma e o grau de poderes atribuídos a cada nível de governo variam sensivelmente de federação para federação.
- Com frequência, arranjos especiais asseguram, sobretudo nas chamadas **câmaras altas**, representação das unidades constitutivas em instituições importantes do governo central, de modo a permitir que as regiões participem do processo de tomada de decisões na esfera federal. Pode ocorrer, então, que unidades constitutivas menores detenham poder relativo maior do que aquele que seria baseado exclusivamente em critérios populacionais.

- Procedimentos (geralmente envolvendo os **tribunais**, mas que também podem ser referendos ou da alçada da câmara alta) para decidir as disputas constitucionais entre os níveis de governo.
- Um conjunto de processos e instituições para facilitar ou conduzir as relações **entre os governos**.

Se é que existe **elemento essencial ao federalismo**, este vem a ser **a presença de duas ordens de governo constitucionalmente instituídas, cada qual dotada de genuína autonomia uma em relação à outra e responsáveis perante os respectivos eleitores.**

As características mais específicas de cada federação refletem as tradições institucionais locais, bem como o grau e o tipo de autonomia almejados. Normalmente, o federalismo pressupõe democracia e Estado de Direito, uma vez que os regimes não democráticos, de um modo geral, não aceitam a autonomia dos entes constitutivos.

Nem todos os 28 países listados anteriormente satisfazem plenamente os requisitos do federalismo. Alguns são muito centralizados e frágeis do ponto de vista federal. Outros apresentam características de regimes unitários permitindo, às vezes, que o governo central destitua a autonomia das unidades constitutivas. Isso, por acaso, significa que esses países não são federações? Não há resposta taxativa para esta questão. Do ponto de vista prático, o que importa é se o país funciona normalmente como uma federação, isto é, se algum grau de autonomia de base constitucional subsiste para os dois níveis de governo.

Por fim, em alguns países, procura-se evitar o termo "federal", em razão de suas conotações históricas ou simbólicas. Assim, a maior parte dos especialistas consideraria a Espanha e a África do Sul Estados federais, embora nesses países muitos resistam ao termo porque o associam, respectivamente, ao intuito de subestimar a unidade nacional ou ao regime do *apartheid*. A Indonésia rejeitou o federalismo que os holandeses tentaram impor antes da independência, e é improvável que venha a usar o termo, mesmo que, na prática, torne-se um Estado mais federal.

Federalismo e restituição de competência

Nos sistemas confederados, o governo central é uma ficção legal criada pelas unidades constitutivas. Nos sistemas unitários, os governos regionais são criações legais das instituições centrais. Nos sistemas federativos, cada esfera de governo tem sua própria existência constitucional autônoma. Alguns países unitários são mais descentralizados, na prática, que certas federações.

As duas federações mais antigas do mundo — Estados Unidos e Suíça — constituíram-se inicialmente como confederações. Porém, tais regimes mostraram-se frágeis e instáveis. É discutível se há, de fato, alguma confederação no mundo atual. A União Europeia é uma construção política única, com características de confederação e de federação. O Benelux, que reúne a Bélgica, a Holanda e Luxemburgo, apresenta uma estrutura confederada limitada assim como o Caricom, no Caribe. Os Emirados Árabes Unidos se dizem um país federativo, mas agregam diversas características de uma confederação.

A maioria dos países tem sistema unitário de governo. Frequentemente, eles dispõem de estruturas administrativas regionais não dotadas de governo eleito. Em outros casos, há unidades constitutivas (geralmente chamadas de províncias ou regiões) com governos independentes eleitos e que detêm responsabilidades significativas, mas cujos poderes derivam diretamente do Executivo central ou do Legislativo, que, em princípio, poderiam avocar as competências regionais a qualquer momento. Apesar disso, costuma ser raro haver reversão política dessa natureza. Assim sendo, alguns países unitários podem apresentar semelhanças marcantes com as federações. De fato, alguns países unitários têm restituído poderes mais significativos às suas unidades constitutivas que algumas federações. Mesmo assim, as federações tendem, na prática, a ser, mas nem sempre são, mais descentralizadas do que os regimes unitários.

Regimes unitários delegados

Alguns países unitários como a **Colômbia**, a **Itália** e o **Japão** têm governos regionais relativamente fortes. Muitos países de regimes tradicionalmente unitários, como a **França** e o **Peru**, estão se movendo no sentido de conferir significativos poderes aos governos regionais eleitos. Em alguns casos, é grande a pressão política das regiões: no **Reino Unido**, por exemplo, um volume substancial de poderes foi restituído ao Parlamento escocês, sobretudo em áreas como educação, saúde e assuntos locais — nos casos do País de Gales e da Irlanda do Norte, a restituição foi menor. A **Indonésia** recentemente delegou diversas responsabilidades às províncias e aos governos locais, com arranjos especiais para Aceh. Muitas das análises contidas neste livro são aplicáveis a esses países. Alguns deles poderão mesmo vir a tornar-se plenamente federais.

2

A escolha do federalismo

Origem das federações

As federações surgiram em diferentes circunstâncias, cada qual como resultado de opções políticas ou de razões históricas. O federalismo geralmente é a opção adotada para congregar em um novo país unidades até então separadas, ou para reorganizar um país até então unitário. Pode ainda resultar desses dois processos.

Cada federação é única. Poucas generalizações expressam, com segurança, como e por que as federações surgem e se desenvolvem. Entretanto, em todos os casos de federalização as lideranças políticas constitucionalizaram dois níveis de governo reconhecendo e reconciliando os respectivos objetivos, contendo a violência ou cessando os conflitos existentes.

Atualmente, as Nações Unidas reúnem 192 países. Destes, aproximadamente, 28 são federações. A maioria dessas nações chegou à sua configuração territorial atual no último século. Há um século, muitos não existiam nos limites das fronteiras atuais e poucos, talvez uns 10, têm, atualmente, as mesmas fronteiras de dois séculos atrás. Cada país tem sua própria história no que se refere à origem e evolução político-territorial. Tais histórias contemplam guerras e revoluções, união matrimonial entre dinastias, formação de impérios coloniais, tratados internacionais e processos democráticos de pacificação.

A partir desses amplos processos de formação e evolução nacionais, as federações emergiram de modo distinto.

- Em alguns casos, a **agregação** foi fundamental para o surgimento de um novo país federal. Unidades até então separadas — estados ou colônias independentes — se deram conta de que um grande número de interesses ou traços de identidade comuns justificava uma configuração federativa. Mas por que federativa? Porque a estrutura federal lhes permitiria preservar parte de sua autonomia e, ao mesmo tempo, se beneficiar da fusão em uma comunidade maior.
- Em outros casos, o país pode ter sido criado originalmente a partir de uma estrutura unitária e altamente centralizada — geralmente, de tendência autoritária e antidemocrática. Nesse caso, a opção pelo federalismo pode ter sido, eventualmente, uma resposta a pressões políticas pela adoção de um regime democrático com maior ênfase na competência dos governos regionais, em face de uma multiplicidade de idiomas, religiões, etnias ou até de significativas diferenças econômicas entre as regiões. Em alguns países, as regiões exigindo autonomia podem até mesmo ter sido unidades políticas distintas anteriormente.
- Há, ainda, casos onde esses dois processos se combinam. O Canadá surgiu da criação de Ontário e Quebec, a partir de um regime até então unitário e, também, da agregação de novas províncias. A Índia, também, combinou os dois processos.

Ciclos históricos de federalismo

Nos últimos dois séculos, a formação de federações tem se dado em uma série de ciclos históricos.

O primeiro ciclo, que se estendeu do final do século XVIII ao início do século XX, contemplou a **criação de novos países a partir da congregação de unidades constitutivas até então independentes**. A Suíça e os Estados Unidos inicialmente se organizaram como confederações. Porém, a experiência americana como confederação durou apenas oito anos, de 1781 a 1789, quando os 13 estados reagiram à fragilidade central formando a primeira federação moderna. A Confederação Suíça, por sua vez, perdurou mais de cinco séculos, porém, após uma breve guerra civil, adotou, em 1848, uma Constituição federal baseada no modelo americano. A primeira Constituição federal da Alemanha surgiu em 1871, em sucessão a arranjos confederados dispersos. Enquanto isso, no Canadá — formado inicialmente em 1867, a partir da fusão de três colônias britânicas da América do Norte — houve a agregação de novas colônias e, também, a divisão das duas províncias maiores, de modo que o caminho para o federalismo incluiu fusão e restituição — ou devolução — de poderes e competências. As seis colônias da Austrália uniram-se como federação em 1901.

Na América Latina, quatro federações emergiram entre o século XIX e os primeiros anos do século XX. Todas elas alcançaram a independência após a conquista da Espanha por Napoleão, mas, em seguida, alternaram democracias constitucionais com períodos ditatoriais de instabilidade civil. Suas respectivas constituições federativas surgiram ao longo do tempo, por vezes após experiência anterior, tanto com sistemas federativos quanto com sistemas unitários. Nos últimos 20 anos, a transição para regimes verdadeiramente democráticos em países como Argentina, Brasil e México conferiu vida real aos respectivos arranjos federativos constitucionais. A Venezuela é, hoje, altamente centralizada.

O fim dos impérios europeus no pós-guerra foi palco para a criação de várias **federações pós-coloniais**, bem como de algumas tentativas frustradas. Índia, Paquistão, Malásia e Nigéria têm resistido como federações. Por outro lado, os esforços dos antigos colonizadores para reunir colônias anteriormente separadas em novos países federais não obtiveram êxito nas Índias Ocidentais, na África Central, na África Ocidental francesa e na África Oriental. O mesmo se deu com as tentativas na Indonésia, em Mali e em Uganda. As diminutas federações de Belau, Comores, Micronésia e St. Kitts e Nevis, efetivamente, surgiram a partir da descolonização.

O outro ciclo significativo surgiu com as novas **federações decorrentes do colapso do comunismo**. A União Soviética comunista, a Tchecoslováquia e a Iugoslávia, eram todas, até então, pelo menos do ponto de vista formal, constituídas como federações, mas, na realidade, operavam como regimes unipartidários controlados centralmente. Contudo, à medida que se democratizaram, suas estruturas federais assumiram significado político de fato. Ocorre que, com pouca experiência democrática, além das tensões marcantes da fase de transição, todos esses esforços federativos falharam. Ainda assim, a Rússia, que havia funcionado como federação na antiga estrutura da União Soviética, se estabeleceu como uma federação pós-comunista, e a Bósnia-Herzegovina resultou da divisão da Iugoslávia com uma estrutura federal, não obstante permaneça submetida, em larga escala, à tutela internacional.

Mais ou menos à mesma época, **novas federações começavam a emergir de Estados unitários**. A Bélgica, que adotou formalmente uma Constituição federal em 1993, é o mais claro exemplo. A Espanha, na medida em que se democratizou depois da ditadura de Franco, restituiu significativos poderes a suas regiões autônomas, tornando-se, assim, um país efetivamente federal. A África do Sul, também, adotou uma estrutura essencialmente federativa (seguindo o modelo alemão) quando de sua democratização depois do *apartheid*. Outros países como a Itália, a Indonésia, o Peru e o Reino Unido restituíram parcela substancial de poderes aos governos regionais, mas ainda não se pode dizer que sejam, de fato, países plenamente federais. Na Bolívia e nas Filipinas a adoção do federalismo tem ensejado debates.

Os casos mais difíceis têm sido os das **novas federações oriundas de situações de pós-conflito**. Nos termos do Acordo de Dayton, a Bósnia-Herzegovina se estabeleceu sob o regime federativo. Entretanto, permanece sob certo tipo de supervisão internacional. A Etiópia, que nunca havia sido democrática, adotou o federalismo após a vitória dos rebeldes sobre o regime de Mengistu. Do mesmo modo o Sudão, como parte de um abrangente acordo de paz que pôs fim à longa guerra civil com o sul. A nova Constituição do Congo, sob cujos auspícios foram recentemente conduzidas eleições em nível nacional, é efetivamente, federal. Os eleitores iraquianos ratificaram uma Constituição federal em 2005, cuja implementação tem se mostrado um desafio. Todas essas situações permanecem difíceis. Em outros casos, como o do Sri Lanka e o do Chipre, os esforços para encontrar uma fórmula de federalismo que extinga o conflito e a divisão têm falhado. Com o fim da guerra civil, o Nepal atualmente está analisando a possibilidade de adotar o federalismo.

O último caso que deve ser mencionado na história do federalismo é o da União Europeia. Trata-se de uma instituição política única, talvez com mais características de confederação do que de federação, mas que incorpora certos traços comuns às federações. Entre os europeus há um debate contínuo sobre a propriedade de se evoluir para um modelo mais federal. De qualquer modo, a experiência da UE continua sendo de grande relevância para os estudiosos do federalismo.

Evolução das federações

Todas as federações evoluem ao longo do tempo. Algumas sofreram, formalmente, grandes alterações constitucionais, ao passo que outras incorporaram mudanças de vulto, a despeito de Constituições muito estáveis. Fatores como a criação de novas unidades constitutivas, urbanização, grandes mudanças demográficas e econômicas, novas tecnologias, acontecimentos políticos relevantes de âmbito interno ou global e a experiência democrática têm sido determinantes no traçado da experiência das federações.

A mais antiga federação, os Estados Unidos, tem a mesma Constituição há mais de 200 anos e fez somente 27 emendas a ela. A Índia emendou a Constituição 94 vezes em 60 anos. O Brasil já teve sete Constituições diferentes desde sua independência. O México teve seis e a Venezuela, 26. Algumas federações têm preservado a continuidade constitucional, ao passo que outras passaram por períodos de instabilidade da ordem jurídica, em função de revoluções ou regimes militares. Conforme se observará adiante, em muitas federações o número e a natureza das unidades constitutivas têm se modificado dramaticamente ao longo dos anos. Qualquer que seja a amplitude das mudanças constitucionais formais, todas as federações, ao longo do tempo, vão mudando. Muitas vezes, em aspectos que surpreenderiam seus precursores. Os Estados Unidos e a Austrália pretendiam estabelecer-se como federações descentralizadas, mas tornaram-se centralizadas; ao passo que o Canadá, que era para ser centralizado, evoluiu na direção oposta.

Em todas as federações estabelecidas há muito, as tecnologias de transporte e comunicações encurtaram distâncias e ensejaram o desenvolvimento de comunidades politicamente conscientes. De igual maneira, regiões que nos estágios iniciais da existência de certos países como federação simplesmente não existiam ou não eram consideradas — como o oeste dos Estados Unidos e do Canadá, o interior e o norte do Brasil — ganharam relevância ao longo do tempo. As guerras mundiais, que exigiram grandes esforços nacionais, em muito fortaleceram os governos centrais nas federações. Do mesmo modo, a valorização do *welfare state* ou Estado do bem-estar social.

A experiência democrática teve importância fundamental na reestruturação de muitas federações. O México e o Brasil tornaram-se mais federais, na medida em que a democracia distribuiu o poder entre múltiplos centros de controle e múltiplos partidos. A Índia contrariou as expectativas dos mais céticos e se manteve como a maior democracia do mundo, muito embora funcione hoje de modo bastante distinto do período pós-independência, quando o partido do Congresso controlava tanto a União quanto os governos estaduais.

Propriedade da adoção do federalismo

Nem o federalismo é sempre o melhor sistema, nem tampouco há versão ideal de federalismo. O federalismo parece apropriado, particularmente, às democracias muito populosas ou de grande exten-

são territorial ou, ainda, que apresentem contingentes populacionais acentuadamente diversificados e regionalmente concentrados. No decorrer do tempo, o federalismo demanda que parte significativa da população mantenha um sentimento de identidade com o país e também que as comunidades políticas estejam motivadas e engajadas em nível regional.

O federalismo é indicado para alguns países, mas não todos. É um modelo democrático de governo, com raízes fincadas no constitucionalismo e no Estado de Direito. O federalismo pode revelar-se negativo para países não democráticos, embora haja registros de democracias parciais ou de liberalização onde estruturas federais foram, até certo ponto, vivenciadas.

Federalismo e democracia

A **União Soviética**, a **Iugoslávia** e a **Tchecoslováquia** não eram, de fato, federações durante o regime comunista. Mesmo assim, tinham Constituições federais. Todo o poder se concentrava nas mãos do Partido Comunista. A situação era mais complexa na América Latina: **Brasil** e **Argentina** alternaram períodos de ditadura militar em nível central, mas, às vezes, permitiam a realização de eleições relativamente livres nos estados ou províncias, sobretudo durante a transição democrática. No Brasil, os estados desempenharam um papel-chave na alteração constitucional visando ao fim do regime instalado em 1964. No **México**, o Partido Revolucionário Institucional (PRI) teve amplo controle sobre as eleições durante muitos anos, mas com o tempo foi perdendo influência e espaço, sobretudo em determinados estados. **Nigéria** e **Paquistão** passaram por experiências semelhantes de alternância entre ditadura militar e democracia federativa. Assim, em algumas sociedades pouco democráticas o federalismo é apenas fachada, mas em outros casos a estrutura federativa pode, de fato, funcionar como tal. Além disso, em todos esses países os arranjos constitucionais federativos assumiram significado considerável durante a transição para a democracia, na medida em que as unidades constitutivas, até então subservientes, passaram a ter mais poder. Nos antigos países comunistas, a estrutura federal desempenhou seu papel durante a quebra do regime.

Não é por acidente que todas as democracias com populações superiores a 100 milhões de habitantes são federações (Japão e Indonésia são as maiores democracias não federativas, mas ambos são países regionalizados), assim como todas as democracias de porte continental. Parece haver um limite quanto ao porte da população ou do território que um único governo, popularmente eleito, pode gerir efetivamente. Do mesmo modo, democracias que apresentam grande diversidade, especialmente aquelas onde se verifica concentração regional de grandes contingentes populacionais distintos, geralmente sofrem pressões no sentido de prover essas populações de governo próprio, com vistas ao alcance de determinados propósitos. Assim, o federalismo tem-se provado, cada vez mais, uma alternativa interessante para países que adotavam regime unitário e para países em desenvolvimento ou em transição, que estejam em busca de uma forma viável de democracia.

Naturalmente, as democracias federativas, assim como as unitárias, pressupõem um determinado conjunto de características culturais e de outras características, aí incluídos o respeito ao Estado de Direito e aos direitos das minorias, além de traços comuns de identidade. Previsões sobre a sobrevivência das democracias podem estar erradas. Há muito mais democracias atualmente do que há 25 ou 40 anos. Sessenta anos atrás, muitos duvidavam que a Índia pudesse se manter coesa numa democracia pacífica, mas se manteve. O sucesso da Índia e sua sobrevivência como democracia dependeram, de fato, da adoção do federalismo.

No entanto, algumas federações fracassaram, particularmente em fases incipientes de seu desenvolvimento. A maioria tinha pouca experiência prévia com a democracia, pouca história comum como nação e um frágil sentimento de identidade. As federações pós-comunistas, bem como as pós-colonialistas, fracassaram em função das tensões advindas da adoção da democracia, bem como em decorrência de outros fatores, como o extremo desequilíbrio entre as unidades constitutivas ou a fragilidade dos governos centrais. A identidade local ou regional também pode ser mais forte que qualquer identidade nacional ampla e considerada incompatível ou oposta a esta. O fracasso veio em forma de separação ou de secessão — ou mesmo de expulsão, como no caso de Cingapura, que se desgarrou da Malásia.

3
As unidades constitutivas

Geometria política das federações

As federações são determinadas por sua geometria política. Podem ter somente duas unidades constitutivas. Mas há casos em que têm mais de 80. Uma ou duas unidades maiores podem constituir inegável maioria no país, ou ter apenas um pequeno peso relativo. As unidades mais vastas podem ser muito maiores ou ter aproximadamente o mesmo tamanho das menores. As unidades muito pequenas ou menos desenvolvidas podem carecer de competência para o desempenho de certas atribuições políticas.

A população das federações varia entre mais de 1 bilhão de habitantes — na Índia — e apenas 46 mil pessoas — em St. Kitts e Nevis. A maior unidade constitutiva de algumas federações pode ser mais populosa do que muitos países. Uttar Pradesh, na Índia, tem 160 milhões de habitantes, ao passo que a Califórnia tem apenas 34 milhões. No extremo oposto, encontram-se as unidades constitutivas diminutas (exceção feita às unidades especiais). Nevis, por exemplo, só tem 12 mil pessoas e, mesmo em uma federação extensa como a Rússia, a região autônoma de Evenki tem apenas 14 mil habitantes. Naturalmente, o porte das unidades constitutivas afeta tanto a capacidade governamental, quanto a dinâmica política.

O número e o tamanho relativo das unidades constitutivas influenciam os arranjos políticos de uma federação. A Rússia e os Estados Unidos apresentam o maior número de unidades constitutivas — 86 e 50, respectivamente — e as unidades maiores alocam uma porção relativamente pequena da população nacional (Moscou, 7%; Califórnia, 12%). A existência de tantas unidades, não sendo nenhuma demasiadamente grande em termos relativos, pode ter facilitado a centralização de poderes nesses países. Este raciocínio é aplicável, também, à Nigéria, a partir do retorno ao governo civil, onde nenhum dos 36 estados abriga mais de 7% da população.

No outro extremo, federações com duas a quatro unidades constitutivas geralmente possuem uma região dominante e política bastante instável, que costuma incluir algum movimento separatista. Esse tipo de movimento varia, conforme a tendência separatista provenha da região maior ou de outra menor.

Federações com poucas unidades constitutivas

St. Kitts e Nevis são duas ilhas com 75% dos habitantes concentrados em St. Kitts. A **Bósnia-Herzegovina** compõe-se de duas entidades, sendo que a Federação Bósnio-Croata detém 61% da população. Das três ilhas de **Comores**, Grande Comores abriga 51% da população. A **Micronésia** se divide em quatro estados e 50% dos habitantes vivem em Chuk. A **Bélgica** tem três regiões (e três comunidades culturais), com 58% das pessoas radicadas em Flandres. O **Paquistão** moderno tem quatro províncias, sendo que 56% da população está em Punjab; o Paquistão original tinha apenas duas províncias, Leste e Oeste (separadas pela Índia), das quais Bangladesh separou-se após uma breve guerra civil em 1971. A **Tchecoslováquia** emergiu do regime comunista como uma federação dual tcheco-eslovaca, que se extinguiu em três anos. A **Nigéria** originalmente contava apenas com três regiões, sendo que o Norte alocava mais de 50% da população. A história recente nesse país foi marcada por constantes tensões inter-regionais, que culminaram na deposição do governo civil e numa trágica guerra civil. A Nigéria, hoje, tem 36 estados. Em todos esses casos, a existência de um pequeno número de unidades e o fato de mais da metade da população se concentrar em apenas uma delas levaram a tensões e instabilidade. As federações de duas unidades são, particularmente, propensas a demandas das unidades menores por igualdade perante o poder central na tomada de decisões, contra o que se insurgem, com frequência, as unidades de maior porte.

A maior parte das federações se enquadra entre esses extremos e tem de seis (Austrália) a 31 (México) unidades constitutivas. Esses números, ao que parece, facilitam o trato das relações intergovernamentais e conferem relativa estabilidade aos sistemas (todavia, na União Europeia, à medida que o bloco cresceu de seis para 27 Estados-membros, é surpreendente a importância que tem sido dada às questões relacionadas com os processos de tomada de decisão). Algumas dessas federações têm uma unidade constitutiva particularmente populosa (Ontário concentra 39% da população do Canadá; a província de Buenos Aires, 38% dos habitantes da Argentina; Nova Gales do Sul, 34% da Austrália). Isso pode ser fundamental na definição das políticas do país e causar tensões com outras regiões. Evidentemente, outros fatores nas federações, notadamente a diversidade interna, também podem dar lugar a tensões.

Tipos de unidades constitutivas

As federações geralmente se compõem de uma categoria principal de unidades constitutivas em nível subnacional, geralmente chamadas de estados ou províncias. Frequentemente, há também categorias secundárias — sobretudo para designar territórios menos desenvolvidos ou destinados à região da capital. Os territórios muitas vezes alcançam a condição plena de unidades constitutivas depois de um período. Em algumas federações, os municípios também são tidos como um terceiro nível de unidades constitutivas.

As federações geralmente dividem seu território em uma categoria principal de unidades constitutivas, como estados ou províncias. Contudo, algumas federações contam com unidades territoriais especiais com *status* constitucional menor, usualmente subordinadas ao governo central. Estas podem ser o distrito onde se localiza a capital nacional, territórios escassamente povoados ou de localização remota, áreas especiais tribais ou territórios além-mar. Tais áreas podem, também, ser objeto de arranjos orçamentários especiais. Com exceção do distrito da capital nacional, essas unidades territoriais especiais geralmente têm população relativamente pequena, com pouco peso no funcionamento da federação. Algumas federações, notadamente aquelas com grandes contingentes populacionais de imigrantes, criaram novas unidades constitutivas a partir dos territórios, quando estes se tornaram mais populosos e desenvolvidos. (A admissão de novos estados na União foi uma das causas centrais da Guerra Civil americana.)

Territórios nos sistemas federativos

Os **Estados Unidos** cresceram de 13 para 50 estados, principalmente em função da agregação de novos territórios, a partir dos quais estados foram criados. O **Canadá** criou duas novas províncias a partir de antigos territórios e expandiu os limites de outras quatro. O **Brasil** criou novos estados a partir de territórios, recentemente, em 1988. Atualmente, o Canadá tem três territórios, a **Austrália** um, e a **Índia** tem sete territórios da União, todos eles com populações pequenas se comparadas ao contexto nacional. Na **Argentina, Austrália, Brasil, Etiópia, México, Nigéria** e **Estados Unidos** o território ou distrito onde se localiza a capital nacional não é considerado parte de nenhuma das demais unidades constitutivas.

A Rússia tem uma complexa variedade de unidades constitutivas — repúblicas, regiões (*oblasts*), territórios (*krais*), áreas autônomas (*okrugs*) e cidades federais —, mas sob o regime de Putin o respectivo *status* ou competência deixou de ter diferença significativa.

Na maior parte das federações, a definição e os poderes dos governos municipais e locais encontram-se circunscritos à jurisdição dos governos das unidades constitutivas. Algumas federações (Brasil, Índia, México, África do Sul) constitucionalizaram essa esfera de governo, garantindo-lhe alguma independência, porém menor do que a conferida às unidades constitutivas em nível de estado ou província.

A diversidade social das unidades constitutivas

A composição das unidades constitutivas como reflexo da disparidade regional de suas populações é variável entre as federações.

Algumas federações — Argentina, Áustria, Austrália, Brasil, Alemanha, México e Estados Unidos — apresentam, claramente, uma língua dominante e níveis de divisão étnica e religiosa relativamente baixos. Elas podem ter diferenças regionais significativas, mas a formação de suas unidades constitutivas não foi estruturada em torno da necessidade de lidar com desavenças étnicas, religiosas ou linguísticas. Nas federações onde há grande diversidade, os cidadãos podem ter sentimentos de identidade acentuadamente distintos e as desavenças em torno destes costumam representar um ponto central da realidade política. Quando certos grupos estão regionalmente concentrados, a natureza e a composição das unidades constitutivas podem configurar aspecto crítico do sistema federativo.

Diversidade na composição das unidades constitutivas

A **Suíça**, com três grandes idiomas oficiais, duas religiões e território montanhoso, se divide em 20 cantões plenos e seis meio-cantões, a maioria unilíngue e de população predominantemente católica ou protestante. A **Índia**, inicialmente, resistiu a qualquer definição de seus estados com base em fatores étnicos ou linguísticos, temendo que isso pudesse acirrar as diferenças. Mas, entre 1956 e 1966, as fronteiras interestaduais foram redefinidas exatamente a partir de tais parâmetros, sendo que um estado (Punjab) assumiu identidade religiosa distinta. No **Canadá**, a população que fala francês está maciçamente concentrada em Quebec, ao passo que, nas outras nove províncias, a maioria fala inglês. Na **Etiópia**, a nova federação foi explicitamente estabelecida de acordo com a etnia; no entanto, alguns estados ainda apresentam diversidade marcante, o que provoca pressões. O movimento da **Espanha** rumo ao federalismo permitiu o ressurgimento de nacionalidades historicamente associadas a unidades políticas. A **Bélgica** é um caso peculiar, cujo federalismo em dois níveis reflete as divisões territoriais e culturais. As divisões territoriais também refletem as diferenças linguísticas, salvo no caso de Bruxelas. Na **Nigéria**, os 36 estados são amplamente definidos a partir de grandes distinções étnicas, religiosas e linguísticas. Na **Rússia**, a etnia e a língua russas predominam, mas muitas das unidades constitutivas de menor porte têm predominância étnica ou linguística distinta.

Algumas federações apresentam clara maioria linguística ou étnica (Bélgica, Canadá, Espanha e Rússia), mas com uma grande minoria (Bélgica e Canadá) ou diversas pequenas minorias (Espanha e Rússia). Em outras (Etiópia, Índia, Nigéria), verifica-se um excepcional número de idiomas, religiões e nacionalidades, nenhuma delas sendo nacionalmente majoritária. Frequentemente, divisões étnicas, linguísticas e religiosas se entrelaçam — a Suíça é um caso clássico — e isso pode ajudar a reduzir a polarização social. Costuma ser mais difícil lidar com uma hostilidade marcante, ou mesmo acentuar as distinções existentes entre duas populações muito díspares, do que lidar com várias divisões espalhadas pelos diversos contingentes populacionais.

O federalismo pode ser útil na acomodação de tais diversidades, uma vez que importantes populações regionalmente concentradas podem estabelecer-se como maioria em suas respectivas unidades constitutivas. Contudo, nem todos os grupos são suficientemente grandes ou concentrados para ocupar ou limitar-se a ocupar uma determinada unidade constitutiva, nem há unidade cujo território tenha população inteiramente homogênea. Então, os direitos das minorias dentro das unidades constitutivas e as demandas para a criação de novas unidades para "minorias que fazem parte de outras minorias" precisam ser considerados. Há, também, países cujas pressões divisionistas podem ser afetadas em função da natureza das unidades constitutivas (conforme exposto no capítulo 9). A importância política das diferenças, sejam religiosas, linguísticas ou étnicas, depende da força da identidade e das atitudes. Há casos de divisões políticas que foram importantes — como a divisão entre protestantes e católicos — e que permanecem estatisticamente importantes, mas perderam relevância política ao longo do tempo.

Estabelecendo e modificando fronteiras

Nas federações, geralmente é difícil reduzir a área já definida das unidades constitutivas. A criação de novas unidades, ou sua expansão a partir de terras dos territórios é mais fácil. A redefinição de

fronteiras tem ocorrido, algumas vezes, em períodos de exceção, como guerra civil ou ditadura militar. Os países unitários que se tornam federais podem manter as fronteiras historicamente definidas, ou estabelecer novas fronteiras, a partir de novos critérios.

O número e a natureza das unidades constitutivas de uma federação podem afetar muito seu funcionamento e estabilidade. Mas, em geral, é muito difícil reduzir a extensão territorial das unidades constitutivas existentes nos períodos de normalidade democrática. Nesse caso, as unidades constitutivas costumam anuir à mudança por meio de procedimento que envolve um referendo. Todavia, na Índia, onde os estados não têm voz, e na Nigéria, como consequência dos regimes militares, o redesenho das fronteiras foi dramático.

Novos estados e províncias foram criados pela via democrática, a partir de antigos territórios, nos Estados Unidos, no Brasil, na Argentina e no Canadá. Na maioria das federações, a criação de novas unidades constitutivas requer procedimentos especiais de reforma constitucional, que geralmente demandam algum consentimento das unidades constitutivas existentes ou, pelo menos, *quorum* qualificado na câmara alta.

Redefinindo as fronteiras de unidades constitutivas preexistentes

O Parlamento central da Índia tomou, em meados da década de 1950, a decisão de redesenhar as fronteiras estaduais em caráter sistemático, basicamente como meio de refletir grandes diferenças linguísticas. Tinha a prerrogativa constitucional de fazê-lo sem necessidade de anuência dos estados. A **Nigéria** passou de um total de três estados — na época de sua independência — para os atuais 36 formados com base em etnias, e quase sempre criados por imposição dos regimes militares em períodos de exceção. A **Suíça** criou o novo cantão de Jura depois de complicado referendo. A **Rússia** promoveu a fusão de 11 unidades em cinco, também após a realização de referendos. A **Alemanha** fundiu dois *Länder* logo depois de criada a nova federação. O **Canadá** aumentou substancialmente o tamanho de determinadas províncias, anexando-lhes antigas áreas de territórios. Nos **Estados Unidos**, o estado de West Virginia foi criado a partir da divisão da Virgínia durante a guerra civil.

Os países unitários precisam determinar o número e as fronteiras das unidades constitutivas, caso se tornem federais. Essas novas unidades podem manter as fronteiras tradicionais das antigas unidades administrativas ou políticas (como na Espanha); a divisão pode ser baseada em dados censitários, tendo em vista as características da população local; ou num referendo. A questão relativa ao número de novas unidades e seus respectivos limites pode representar um grande desafio no processo de federalização de um país que não tenha tradição de divisões ou de fronteiras internas. Essa questão é central no debate do Iraque e do Nepal em torno do federalismo.

4
Dividindo poderes: quem faz o que e como?

Dois modelos para a atribuição de poderes

Há dois modelos bastante distintos para a distribuição de poderes nas federações: o dual e o integrado. Muitos países apresentam elementos de ambos. O modelo dual costuma atribuir jurisdição distinta para cada ordem de governo, que, então, administra seus próprios programas e presta os respectivos serviços. No modelo integrado, muitas das competências são compartilhadas, cabendo geralmente às unidades constitutivas a administração de programas ou o cumprimento de legislação definidos em nível central.

No modelo de federalismo dual ou clássico, a jurisdição constitucional sobre diferentes matérias normalmente é atribuída a uma única esfera de governo. Nesse modelo, em geral, cada ordem de governo conduz os programas específicos sob sua responsabilidade, utilizando seus próprios serviços e departamentos públicos civis. Por isso, departamentos do governo federal costumam estar presentes em todo o território nacional.

Na prática, não chega a haver uma clara separação de poderes no modelo dual, uma vez que muitos assumem dimensão regional, nacional e até mesmo internacional, e também, que muitas responsabilidades distintas dos governos estão inter-relacionadas.

- Em todas as Constituições dualistas há áreas de **competência legislativa comum** ou conjunta e concorrente, sobre as quais ambas as ordens de governo têm autonomia para legislar. Poucos são os casos de competências concorrentes no Canadá e na Bélgica, enquanto na Austrália a lista é extensiva. Tratando-se de competência dessa natureza, se houver conflito, a legislação federal costuma preponderar, mas isso nem sempre ocorre.

- Além disso, no caso da competência comum pode haver **concorrência de fato,** quando ambas as ordens de governo detêm poderes distintos em relação a uma dada matéria. Implica **poder compartilhado**, que geralmente não pressupõe precedência da legislação federal. Nas constituições mais antigas, por exemplo, o meio ambiente não constitui competência distinta, porém ambas as ordens de governo podem ter poderes para regular os impactos ambientais de projetos maiores de infraestrutura, de modo que a realização de determinados empreendimentos requeira autorização dos dois níveis governamentais.

No modelo integrado de federalismo, exemplificado pela Alemanha, algumas matérias competem, exclusivamente, a uma esfera governamental (por exemplo, defesa ao governo federal), mas a maioria é de competência concorrente, cabendo ao governo central legislar sobre normas gerais, que as unidades constitutivas poderão suplementar (sem, contudo, desobedecer) com sua própria legislação. Assim, os governos das unidades constitutivas implementam programas relacionados a essas áreas de competência concorrente. Consequentemente, o governo central mantém um pequeno quadro funcional nas regiões, que em geral se limita à prestação dos serviços em áreas afetas à sua competência exclusiva. Esse modelo também é, às vezes, chamado de federalismo administrativo, uma vez que os principais poderes das unidades constitutivas são administrativos. Nele, constitui um desafio restringir a atuação do poder central no que diz respeito ao detalhamento na formulação das políticas públicas, de modo a assegurar algum grau de poder decisório e legislativo às unidades constitutivas. No âmbito das competências concorrentes, o modelo alemão contempla, também, procedimentos conjuntos de tomada de decisão nos quais leis federais carecem de aprovação pela maioria dos representantes dos *Länder* no *Bundesrat*. A África do Sul adotou aspectos desse modelo.

O Canadá, o Brasil e os Estados Unidos são exemplos de federações amplamente dualistas. A Alemanha, a Áustria, a África do Sul e a Espanha adotam o modelo integrado. A Índia e a Suíça apresentam fortes características de ambos. A Austrália é acentuadamente dualista no que diz respeito aos arranjos administrativos, mas tem tantas áreas de competência concorrente que apresenta, também, aspectos marcantes do modelo integrado. Nenhuma federação possui unicamente características de um determinado modelo.

Essas considerações sobre competência legislativa precisam ser combinadas com os arranjos financeiros da federação. O capítulo seguinte demonstrará que o controle e a distribuição de receitas é fundamental para definir a real alocação de poderes numa federação.

Origens legais dos poderes

Normalmente, a distribuição da competência legislativa, inclusive na área fiscal, encontra-se estabelecida na Constituição. Em algumas federações, os poderes governamentais de determinadas unidades constitutivas podem ser substancialmente determinados a partir de acordos bilaterais com o governo federal. Algumas federações permitem a delegação de competência legislativa entre diferentes ordens de governo, outras não.

Todas as federações têm dispositivos constitucionais relativos à alocação de poderes entre o governo central e as unidades constitutivas. As constituições diferem enormemente quanto ao grau de detalhamento e à abordagem. Nos Estados Unidos, por exemplo, a Constituição tem apenas 18 artigos que dispõem sobre os poderes do governo federal; a maior parte trata de competências concorrentes, com prevalência da legislação federal. Todos os outros poderes não enumerados expressamente (poderes residuais) pertencem aos estados. A Constituição da Índia, ao contrário, apresenta três longas listas: a lista da União tem 97 artigos, a lista das competências concorrentes, 47, e a lista das competências estaduais, 66. A Constituição espanhola enumera competências que podem ser atribuídas às comunidades autônomas, mas essa atribuição é legalmente conferida por meio de estatutos de autonomia para cada comunidade, os quais podem variar bastante.

Em muitas federações, as interpretações jurídicas e a prática têm alterado, significativamente, a divisão de poderes originalmente proposta pelos legisladores constituintes, levando a um grau de centralização maior ou menor do que aquele previsto inicialmente. Isto, provavelmente, se aplica mais às constituições mais antigas, menos detalhadas.

Variações na distribuição de poderes

As federações apresentam semelhanças e diferenças em relação aos poderes atribuídos às diferentes esferas de governo.

As Constituições federais foram escritas ao longo dos últimos 230 anos em contextos bastante distintos. As Constituições mais recentes refletem as lições resultantes das experiências, boas ou ruins, das primeiras Constituições. Não é de surpreender, portanto, tamanha variação das diferentes abordagens sobre a distribuição de poderes nas federações. Algumas competências são quase sempre atribuídas ao governo federal; outras, quase sempre são deixadas para os governos das unidades constitutivas. Mas, para muitas dessas competências há padrões ou tendências mais ou menos acentuadas, bem como casos isolados, que fogem a tais padrões. Por vezes, porém, não é possível distinguir claramente um padrão. O quadro a seguir dá uma ideia geral dessas tendências. Na prática, a alocação precisa de poderes, qualquer que seja a federação, é matéria complexa, que reflete não apenas o texto constitucional, mas também, decisões judiciais e outros fatores.

Padrões de distribuição de alguns poderes nas federações

A relação abaixo indica as tendências de alocação de competências na maioria das federações. (Nela, classificamos a competência como "concorrente", quando ambos os níveis de governo podem legislar sobre a matéria, geralmente com precedência da legislação federal. Dizemos que a competência é "conjunta" nos casos em que as matérias comportam algumas decisões das duas ordens de governo. O termo "partilhada" significa que cada esfera de governo detém competência distinta sobre determinada matéria e é independente para decidir a respeito da mesma.)

- Moeda: sempre federal.
- Defesa: sempre federal, às vezes unidades constitutivas (UC).
- Implementação de tratados: quase sempre federal, às vezes UC.
- Comércio exterior: geralmente federal, ocasionalmente concorrente, conjunta ou partilhada.
- Comércio interestadual: geralmente federal, ocasionalmente concorrente, conjunta ou partilhada.
- Comércio intraestadual: geralmente UC, às vezes competência concorrente.
- Infraestrutura física de grande porte: geralmente federal, ocasionalmente UC, concorrente, conjunta ou partilhada.
- Educação primária/educação secundária: geralmente UC, ocasionalmente concorrente, raramente federal.
- Educação pós-secundária e pesquisa: não há padrão definido.
- Equalização/distribuição de renda: federal, concorrente, conjunta ou partilhada.
- Previdência e seguridade social: concorrente, conjunta, partilhada ou federal.
- Saúde: geralmente UC, por vezes concorrente, conjunta ou partilhada.
- Recursos minerais: sem padrão definido.
- Agricultura: não há padrão definido.
- Meio ambiente: geralmente concorrente ou conjunta, raramente UC.
- Assuntos municipais:* geralmente UC, ocasionalmente conjunta ou partilhada.
- Sistema judiciário:* geralmente conjunta ou concorrente, ocasionalmente federal, raramente UC.
- Direito penal: sem padrão definido.

- Polícia: geralmente partilhada, ocasionalmente concorrente ou conjunta, raramente federal ou UC.
- Impostos alfandegários/impostos de consumo, serviços: quase sempre federal, por vezes concorrente.
- Imposto de renda da pessoa física e da pessoa jurídica: geralmente conjunta, partilhada ou concorrente, por vezes federal.

*As cortes supremas e as cortes constitucionais quase sempre estão previstas na Constituição, não se configurando, portanto, como fonte de poder político. Em algumas federações, os governos municipais ou locais também são estabelecidos constitucionalmente, mas acontece de o governo federal ou os governos das unidades constitutivas deterem certos poderes sobre eles.

As constituições podem variar muito quanto à atribuição de competências e suas particularidades. Mesmo a listagem mais completa pode omitir alguma atribuição. Por isso, as constituições precisam fazer referência à competência residual, especificando a ordem de governo incumbida de exercê-la. Geralmente, a competência residual recai sobre o governo federal, no caso de federações oriundas de países unitários, ou sobre as unidades constitutivas, no caso de federações formadas a partir da união de unidades distintas. A competência residual é particularmente importante, em casos como o dos Estados Unidos, onde as competências federais encontram-se expressamente arroladas em uma lista curta na Constituição e as competências residuais constituem a única fonte de poder das unidades constitutivas. No entanto, as cortes têm se inclinado a dar ampla interpretação às competências enumeradas, quer federais ou estaduais, de modo que o efeito das cláusulas de poderes residuais tem, geralmente, sido menor do que o originariamente previsto pelos redatores constitucionais.

Critérios para distribuição de competências

Não há fórmula mágica para determinar a alocação ideal de poderes entre as distintas ordens de governo.

Há alguns padrões distintos de alocação das competências nas federações, bem como grande variedade. Na União Europeia há um incessante debate sobre que competências devem ser atribuídas a

Bruxelas e que competências devem ser deixadas aos países-membros. Em decorrência, os europeus desenvolveram o conceito de subsidiariedade, segundo o qual o governo central deve assumir apenas as competências necessárias ao alcance de um dado objetivo ou quando há agregação de valor em medida superior ao que os governos das unidades constitutivas (países-membros) alcançariam se exercessem, eles próprios, a dita competência individualmente. Embora ajude, esse princípio comprovou-se um tanto difícil de ser aplicado na prática. Evidentemente, a União Europeia não atribuiu poderes a Bruxelas nas áreas de defesa e política exterior, que constituem poderes centrais clássicos nas federações. Além disso, produziu-se em cada país um debate acerca da alocação de poderes. As decisões irão refletir questões de eficiência e eficácia, mas também, de modo crucial, os objetivos que podem ser tidos como comuns em toda a federação.

Assimetria na distribuição de poderes

As federações geralmente alocam os mesmos poderes aos governos de todas as unidades constitutivas. Contudo, há casos de federações em que a algumas unidades constitutivas são atribuídos mais poderes do que a outras. Todavia, a assimetria constitucional costuma ser limitada, pois assimetrias marcantes impõem um desafio gerencial à federação. Também pode haver formas pragmáticas de assimetria.

O termo "assimetria" se aplica a muitos aspectos relativos à diferença entre as unidades constitutivas das federações: peso político assimétrico, assimetria de grupo ou direitos linguísticos, de *status* e assimetria de poder. Cada caso traz à tona questões diferentes. Obviamente, unidades constitutivas distintas detêm peso político distinto, em função de aspectos como população, renda e localização estratégica. Algumas federações tentam minimizar esses fatos ao atribuírem maior peso à representação das unidades menores nas instituições centrais. Dispositivos especiais e distintos a respeito de direitos linguísticos, religiosos ou de determinados grupos das unidades constitutivas constituem traço comum nas federações marcadas pela diversidade.

Não são comuns as assimetrias na distribuição de poderes entre as unidades constitutivas nas federações e, menos ainda, as assimetrias estabelecidas constitucionalmente. Porém, esse é um tipo de flexibilidade que ajuda a resolver demandas de regiões interessadas na descentralização de um ou mais poderes que para outras unidades constitutivas não constituam, necessariamente, prioridade. Contudo, a concessão de tratamento especial a uma unidade constitutiva pode criar pressão para que o mesmo tratamento se estenda às demais. Do mesmo modo, se os poderes atribuídos assimetricamente forem muito importantes, ou conferidos a uma unidade constitutiva muito grande, pode haver pressão para limitar o peso da representação daquela unidade na tomada de decisões em nível central. Na prática, a maior parte das assimetrias de poderes nas federações se dá em relação a poderes relativamente secundários ou a arranjos especiais em favor de unidades constitutivas muito pequenas e reconhecidamente distintas (não há, no caso, relação com o menor *status* jurídico desfrutado pelos territórios ou áreas de dominação tribal ou, ainda, pelas capitais nacionais, em algumas federações). Muitas federações dispõem, efetivamente, de arranjos não constitucionais que admitem alguma assimetria nas responsabilidades administrativas ou políticas das unidades constitutivas.

Exemplos de distribuição assimétrica de poderes nas federações

Praticamente todas as federações há muito estabelecidas atribuem os mesmos poderes legislativos a cada uma de suas unidades constitutivas. No **Canadá**, entretanto, os poderes do Parlamento federal sobre direitos civis e sobre direito de propriedade variam entre as províncias. Além disso, Quebec efetivamente dispõe de arranjos não constitucionais com o governo federal, que lhe conferem autoridade diferente — embora harmonizada — da que é conferida às outras províncias, que abrangem, por exemplo, pensões, tributos e programas sociais. Entre as federações mais recentes, a **Malásia** confere aos estados de Bornéu poderes especiais sobre leis locais, comunicações, pesca, florestas e imigração. A **Índia** apresenta dispositivos similares para Jammu e a Caxemira, bem como para alguns dos estados menores. A **Rússia** fez amplo uso de acordos não constitucionais bilaterais e distintos com as unidades constitutivas da federação, tendentes a favorecerem certas unidades constitutivas mais poderosas, cujas variações, em grande parte, foram eliminadas atualmente. A **Espanha** também adotou arranjos bilaterais, em particular para conferir poderes especiais às comunidades autônomas com nacionalidades históricas. Ali também as diferenças foram bastante reduzidas ao longo do tempo, à exceção dos antigos direitos fiscais históricos do país Basco e de Navarra. A **Bélgica**, **Comores**, **Bósnia-Herzegovina** e **St. Kitts e Nevis** também dispõem de alguns dispositivos assimétricos nas respectivas constituições. Talvez, o exemplo mais significativo dos arranjos assimétricos esteja na **Escócia**, no **Reino Unido**, que não é uma federação. As implicações disso continuam sendo debatidas no Reino Unido. Na **União Europeia**, por sua vez, há países-membros que não adotaram a união monetária.

Lidando com conflitos de poderes

As federações podem resolver conflitos oriundos da distribuição de poderes por intermédio dos tribunais, ou utilizando medidas de exceção, emendas constitucionais, acordos políticos e eleições.

Recorrer às cortes judiciais é a maneira clássica de resolver disputas em torno da repartição dos poderes. Todavia, um pequeno número de federações dispõe de mecanismos de natureza política, como referendos e atuação das câmaras altas. Muitas, também, contam com dispositivos constitucionais especiais permitindo que o governo federal interfira no governo de uma unidade constitutiva em determinadas circunstâncias, suspendendo-lhe a autoridade, particularmente em casos de emergência.

O uso das medidas de exceção constitui o ato mais extremado nesses casos. Muito frequentemente, o conflito não se refere à interpretação jurídica sobre os poderes em si, mas sobre quais poderes e papéis são atribuídos a cada uma das esferas de governo. Tais disputas são tratadas politicamente. Os governos podem negociar, com vistas ao alcance de um acordo sobre como atuar em face da ordem constitucional vigente. Ou podem decidir promover uma emenda constitucional, o que na maior parte das federações requer *quorum* qualificado (e, em poucos casos, a anuência dos governos das unidades constitutivas). Quando os governos não chegam a um acordo, eles próprios ou os partidos políticos podem buscar apoio da população durante as eleições para atingir seus propósitos.

5
Dinheiro e poderes fiscais

A importância do dinheiro

Definições sobre geração, partilha e desembolso de recursos são de fundamental importância, tanto política quanto economicamente, para o desempenho dos sistemas federais.

A noção de que o dinheiro é relevante é aplicável aos sistemas federais, tanto quanto à vida em geral. A definição sobre quem arrecada os impostos e outras receitas, sobre quem, como e em que se gasta, é fundamental para denotar a verdadeira divisão de poderes. Esta definição é capaz de alterar significativamente os poderes legislativos aparentes, nas duas ordens de governo. Os governos centrais, em particular, geralmente se valem de seus fortes poderes fiscais para influenciar ou controlar, de diversas maneiras, o governo das unidades constitutivas.

Além disso, as formas de geração e gasto das receitas podem ser significativamente influenciadas pela saúde econômica da federação.

- **Incentivos fiscais e outros incentivos** afetam a eficiência e o desempenho da economia: podem ser usados pelas unidades constitutivas na tentativa de atrair empresas e cidadãos interessados em investir em seu território. Embora possa até ser saudável algum grau de competição na área fiscal e na área do gasto, há também o risco de atrair investimentos para locais ineficientes, causando perda ou mau uso dos recursos.
- **A geração de receita** (impostos, taxas, dívida, emissão de moeda) **e os gastos governamentais** afetam o nível total de atividade da

economia, independentemente de as políticas serem de expansão ou de contração. Algumas federações têm enfrentado graves problemas na gestão coerente das políticas fiscais e monetárias, com sérios surtos inflacionários e ciclos econômicos de altos e baixos.

Os poderes fiscais e monetários são importantes, tanto economicamente quanto em virtude do amplo impacto que têm sobre os papéis desempenhados pelas duas ordens de governo.

Atribuição de competência para auferir receitas

Existem princípios que norteiam a eficaz repartição da competência entre os níveis de governo para auferir receitas nas federações. Na prática, porém, verifica-se enorme variação, sobretudo em decorrência das distinções entre arranjos constitucionais, meios de obtenção dos recursos, histórico e cultura política dos países.

Muitos economistas argumentam que uma federação deveria minimizar a possibilidade de utilização, pelas unidades constitutivas, da competição fiscal como maneira de influenciar as empresas e os indivíduos a se instalarem numa determinada área. Isso sugere que as unidades constitutivas (e os governos locais) devem ter controle limitado sobre contribuintes e sobre bases fiscais móveis (como imposto de renda da pessoa física, da pessoa jurídica e impostos sobre vendas). Em lugar disso, sua competência deveria recair nos impostos incidentes sobre a propriedade imóvel. Na prática, a mobilidade dos contribuintes ou das atividades tributáveis depende de fatores culturais (apego dos cidadãos às respectivas unidades constitutivas), da distância (possibilidade de deslocamento para trabalhar ou fazer compras em outra jurisdição), de acidentes geográficos (escassez ou abundância de recursos naturais) e da tecnologia (novas tecnologias oferecem novas oportunidades de localização de um empreendimento).

Mas alguns economistas mostram-se favoráveis a um patamar, razoavelmente amplo, de competição fiscal (conjuntamente com outros tipos de competição nas políticas públicas). Argumentam que é capaz de promover melhores políticas. Essa é uma vantagem potencial do federalismo. Há, também, economistas que entendem que as unidades constitutivas deveriam ter o direito de variar as alíquotas do imposto de renda da pessoa jurídica ou da pessoa física, mas reconhecem que é mais eficiente economicamente ter apenas uma estrutura (federal ou conjunta) para esses tributos. Não há como determinar a alocação ideal das competências tributárias nas federações. Uma competição excessiva entre diferentes jurisdições em relação a tributos incidentes sobre fatores móveis pode levar a uma espiral descendente das alíquotas, com consequente perda da receita oriunda de determinadas bases e necessidade de concentrar a arrecadação em tributos incidentes sobre outras. Algum grau de competição, porém, pode ser positivo.

Há outros aspectos a considerar sobre a distribuição mais adequada de competência tributária.

- Há vantagens em **responsabilizar cada governo** pelo dinheiro que gasta e, em geral, argumenta-se que quanto mais poder a unidade tiver para auferir suas próprias receitas, mais responsável e suscetível de controle será pelos respectivos eleitores.
- Há, também, **considerações envolvendo equidade** que estão relacionadas à seguinte questão: deve-se esperar maior esforço fiscal e prestação de serviços menos razoáveis pelas unidades constitutivas mais pobres, ou estas devem ser auxiliadas por meio de transferência de recursos?
- Pode haver **vantagens administrativas** na centralização de certos tipos de arrecadação de receita, mesmo que a base tributária pertença às unidades constitutivas.

Algumas federações são ricas em recursos naturais, os quais podem gerar muita riqueza e receita, especialmente a partir do petróleo, gás natural, diamantes e metais preciosos. Tais recursos geralmente encontram-se distribuídos de modo bastante heterogêneo entre as unidades constitutivas, o que leva a tensões nas federações.

Em alguns casos, tais recursos pertencem ao governo federal. Em outros, pertencem às unidades constitutivas (raramente, a proprietários de terra). Em ambos, pode haver controvérsias a respeito de quem arrecada quais receitas provenientes dos recursos naturais; sobre como tais receitas devem ser distribuídas; e como essa distribuição afeta a distribuição das demais receitas.

Receitas de recursos naturais em algumas federações

As receitas oriundas de recursos naturais resultam principalmente de *royalties*, taxas de licenciamento, impostos de exportação e do imposto de renda pago pelas empresas. São, de longe, a maior fonte de recursos da **Nigéria**, onde o governo central as arrecada e depois faz transferências para os estados, com base nos princípios da equidade e da derivação (que destina mais para os estados produtores). Na **Rússia**, tanto os *royalties* quanto os impostos de exportação são importantes, sendo que o governo central domina sua arrecadação atualmente, destinando pequena vantagem às unidades constitutivas produtoras. A **Argentina** transferiu receitas de recursos naturais para as províncias e algumas províncias pequenas que são ricas desses recursos gozam de substancial vantagem fiscal. No **Canadá**, Alberta (assim como outras províncias) detém a propriedade sobre seus próprios recursos naturais e, por isso, tem quase o dobro da capacidade de geração de receita das outras províncias. O governo federal perdeu o poder de cobrar impostos de exportação sobre a exportação de energia. Nos **Estados Unidos**, a maior parte dos recursos pertence aos estados ou a particulares, mas há, também, grandes extensões de terra do governo federal nos estados do oeste e no Alasca. O **Sudão** conta com um sistema de partilha das receitas do petróleo que destina a maior parte ao Sudão do Sul, que tem menor população, mas detém a maior fonte de produção. Na maioria das federações, o governo federal detém a propriedade e o controle dos recursos *offshore* e das receitas deles derivadas. Já no **Canadá**, as províncias situadas fora do território continental foram beneficiadas com as receitas dos recursos *offshore*.

Vários princípios e considerações servem para nortear os sistemas de obtenção de receitas em uma federação e diversos fatores têm, efetivamente, influenciado esses sistemas: alocação constitucional da competência para geração de receita, histórico da distribuição das competências tributárias entre os níveis de governo e a cultura política do país, que pode favorecer tanto a competitividade quando a simples adequação bem como maior ou menor grau de centralização. Os arranjos resultantes da combinação de tais fatores também variam consideravelmente entre as federações. Em algumas, o governo central domina o lançamento, a administração e a arrecadação das receitas, ao passo que em outras o papel desempenhado pelos governos locais e das unidades constitutivas também é importante.

Receitas do governo central em relação às receitas governamentais totais nas federações

No **Canadá** e na **Suíça**, o governo central arrecada cerca de 45% do total de receitas e nos Estados Unidos esse percentual é de 54%. Há um grupo de federações (**Alemanha, Áustria, Austrália, Bélgica, Brasil, Espanha** e **Índia**) em que o governo central arrecada entre 60% e 75% do total de receitas. E há outros casos (**África do Sul, Argentina, Malásia, México, Nigéria, Rússia** e **Venezuela**) em que o governo federal chega a arrecadar mais de 80% das receitas. A **Nigéria** e a **Venezuela,** onde a arrecadação central de receitas é de 98% e 97%, respectivamente, são os exemplos mais extremos. Na **União Europeia,** que não é uma federação, a receita central corresponde a menos de 2% do total de receitas dos governos dos países-membros. Alguns países que não são federações são mais descentralizados em relação à geração de receitas que algumas federações muito centralizadas.

Distribuição do gasto entre as ordens de governo

As federações variam muito quanto ao montante de gasto feito diretamente, seja pelo governo central, pelas unidades constitutivas ou pelos governos locais.

Em algumas federações, o governo federal implementa a maioria dos programas e políticas públicas, enquanto em outras as despesas das unidades constitutivas e dos governos locais são relativamente significativas. Essas diferenças refletem os respectivos arranjos constitucionais, as prioridades dos gastos governamentais (por exemplo, defesa *versus* programas sociais), história e cultura políticas do país.

Gastos diretos do governo central proporcionalmente ao gasto governamental total em diferentes federações

Suíça, Canadá, Bélgica e **Alemanha** são federações com menor gasto do governo central (30% a 40%) proporcionalmente aos gastos governamentais totais. No caso alemão, isso se deve ao fato de os *Länder* serem responsáveis pela implementação de muitos programas cuja legislação é federal. Já na **Suíça**, no **Canadá** e na **Bélgica**, é reflexo da importância das responsabilidades a cargo das unidades constitutivas. O gasto central direto da maioria das federações (**África do Sul, Argentina, Austrália, Áustria, Brasil, Espanha, Estados Unidos, Índia, México, Nigéria** e **Rússia**) fica entre 45% e 60%. Os casos extremos são a **Malásia** (84%) e a **Venezuela** (78%). **Espanha, México** e **Nigéria** eram muito centralizados, mas devolveram às unidades constitutivas parcela significativa da responsabilidade sobre o gasto governamental nos últimos anos.

Transferências do governo central para as unidades constitutivas

Em todas as federações, o governo central gera mais receita do que necessita gastar diretamente. Por isso, faz transferências fiscais aos governos das unidades constitutivas.

A centralização da arrecadação de receita e do gasto varia entre as federações. Mas em todas elas o governo central sempre arregimenta mais receita (incluída a de empréstimos) do que necessita para seus gastos diretos, em parte em face das vantagens de uma arrecadação significativamente centralizada. Os governos centrais fazem transferências às unidades constitutivas — e, às vezes, diretamente aos governos locais — permitindo-lhes cumprir melhor as respectivas obrigações. A importância desses repasses é variável. Em algumas federações, as unidades constitutivas dependem fundamentalmente deles, mas na maior parte das federações as transferências do governo central para as unidades constitutivas cobrem, em média, menos da metade do gasto das últimas. Em consequência, na maioria das federações, as unidades constitutivas retêm parcela razoável de responsabilidade perante suas respectivas populações pela receita própria que geram e despendem nos respectivos programas e políticas públicas.

Debates calorosos são travados em torno da adequação e da justeza na alocação da receita própria, das transferências e dos encargos. Não há solução técnica simples para esse problema, que depende, em larga escala, de avaliações políticas sobre as prioridades dos gastos públicos. A diferença entre o gasto e a receita própria gerada pelas próprias unidades constitutivas caracteriza o chamado desequilíbrio fiscal vertical (*vertical fiscal gap*).

Transferências governamentais centrais proporcionalmente aos gastos das unidades constitutivas

As transferências do governo central representam a menor parte do gasto total das unidades constitutivas nos **Estados Unidos, Canadá** e **Suíça** (13% a 26%). Na **Rússia** e na **Malásia** as transferências são relativamente pequenas em relação ao gasto total das unidades constitutivas (23% e 30%, respectivamente), num contexto em que a política do gasto é altamente centralizada, refletindo a fragilidade destas. A **Alemanha** apresenta significativa partilha de receitas, com transferências em torno de 44%. Os governos centrais da **Austrália** e da **Índia** são grandes financiadores das unidades constitutivas (46% em ambos). A **Espanha** (73%) e a **Bélgica** (68%) fazem grandes repasses, já que constituem federações recentes, onde a devolução de responsabilidade para cumprimento das políticas e programas foi bem mais significativa do que a atribuição de competência para geração de receita própria. No extremo figuram **África do Sul**, **Nigéria** e **México**, onde mais de 87% da receita das unidades constitutivas são compostos de transferências do governo central.

Desequilíbrio fiscal e equalização

A riqueza das unidades constitutivas nas federações é muito díspar e afeta a capacidade de geração de receita proveniente de fontes próprias. A maior parte das federações lida com tais diferenças fazendo transferências maiores para as unidades constitutivas mais

pobres. Há uma gama considerável de arranjos e princípios norteadores dos critérios de repasse.

A riqueza dos países varia de região para região. As federações enfrentam um desafio, que consiste no fato de que os governos das unidades constitutivas geralmente têm responsabilidades muito semelhantes, se não idênticas, mas diferentes capacidades de geração da receita necessária. Consequentemente, os governos de tais unidades acabariam por prover programas e serviços de qualidade e alcance bastante desigual se limitados a seus próprios recursos.

As federações lidam com esse problema de diferentes maneiras. A maior parte (sendo os Estados Unidos uma notável exceção) adota o princípio da equalização, isto é, faz uso de mecanismos para equiparar a receita disponível dos diferentes governos das unidades constitutivas. Em contraposição, há também o princípio da derivação, segundo o qual a jurisdição onde se localiza uma determinada fonte de receita deve fazer jus ao total ou à parte dessa receita. Esse princípio é frequentemente invocado em relação a receitas oriundas de recursos naturais, quaisquer que sejam os dispositivos constitucionais vigentes. É visível o conflito entre os princípios da equalização e da derivação e as federações conferem peso bastante distinto a cada um deles.

A maior parte das federações emprega alguma forma de **equalização** que promove transferência de recursos do governo central aos governos das unidades constitutivas. Na Alemanha e na Suíça há, também, transferências diretas dos governos das unidades constitutivas mais ricas às mais pobres. Os fundamentos e modelos desses programas variam consideravelmente.

- Alguns deles reduzem apenas a desigualdade da capacidade de geração de receita, enquanto outros levam também em consideração o esboço fiscal e a necessidade de gasto.
- Algumas federações ricas equiparam todas as unidades num mesmo nível (100% de equalização), ao passo que outras as equiparam numa faixa ampla (a Alemanha foi além, empregando vultosos re-

passes — uma superequalização — para permitir a reconstrução dos *Länder* orientais após a reunificação).

- Algumas federações equalizam apenas as unidades constitutivas mais pobres até que atinjam um determinado padrão, enquanto outras equalizam todas as unidades, para mais e para menos, até o alcance do padrão definido.

Os programas de equalização proporcionam repasses **incondicionais**, que os governos recebedores podem destinar a qualquer finalidade. Na maior parte das federações, importante papel é desempenhado também pelas transferências **condicionais**. Em tais casos, o governo central vincula condições à finalidade e ao emprego dos recursos repassados. As transferências condicionais custeiam programas específicos e, portanto, podem ou não contribuir para equalizar a posição das unidades constitutivas.

Em muitas federações, desenrola-se um debate sobre a magnitude das transferências condicionais, proporcionalmente às incondicionais. Estas últimas tendem a favorecer a independência do governo das unidades constitutivas, ao passo que os repasses condicionais promovem o alcance de metas e padrões nacionais em áreas como a saúde, por exemplo. Os Estados Unidos fogem ao padrão, já que não contam com qualquer programa de equalização. Lá, todos os repasses federais são condicionais, sendo que alguns têm características de equalização, mas o somatório das transferências não tem qualquer efeito sistemático de equalização.

Os governos centrais também gastam quantias significativas no custeio de seus próprios programas. Portanto, a destinação regional dos gastos do governo central também pode afetar a redistribuição fiscal. Nenhuma federação estabelece regras explícitas em relação a esta matéria, o que torna difícil obter estatísticas confiáveis sobre onde é investido o dinheiro ou sobre quem se beneficia de um determinado gasto (por exemplo, uma base militar de uma dada unidade constitutiva confere segurança a todo o país; um equipamento comprado em uma região para uso em outra gera benefício para ambas). Contudo, o impacto regional dos gastos do governo central, sobretudo os grandes investimentos estratégicos, é visto frequentemente como questão de natureza política nos sistemas federativos. Os pagamentos de caráter social feitos pelo governo central, como benefícios previdenciários ou de seguro-desemprego, podem ter um grande impacto sobre as transferências e sobre o grau de desigualdade.

Porém, há bastante divergência a respeito das implicações econômicas dos programas de equalização:

- seus defensores argumentam que garantem padrão comparável de infraestrutura e serviços em toda a federação, o que é importante para o desenvolvimento regional e para garantir uma força de trabalho de alta qualidade. Também compensam a falta de mobilidade de mão de obra resultante de diferenças regionais de idioma;
- os críticos argumentam que seu uso drena recursos das estruturas mais eficientes de um país e desacelera a promoção de ajustes mais profundos, como os relacionados aos fluxos populacionais oriundos das regiões mais pobres.

A maior parte das federações parece sensível a ambos os argumentos e adota posição intermediária entre sistemas "muito ambiciosos" e sistemas de "nenhuma equalização". As federações mais ricas geralmente podem arcar com padrões mais altos de equalização, uma vez que as diferenças no nível de riqueza entre as unidades constitutivas são muito menores que nas federações em desenvolvimento ou em transição. As características dos programas de equalização podem afetar a capacidade de geração de tributos e de promoção de crescimento econômico das unidades constitutivas.

O poder de gasto

As federações diferem quanto à natureza do gasto do governo central em áreas além de sua jurisdição. O poder de um governo para realizar despesas pode ter importantes implicações numa federação.

Todas as federações dispõem de divisão do poder de legislar que limita, ao menos até certo grau, cada uma das esferas governamentais no que toca à competência para legislar em jurisdição de outra. Todavia, normalmente autorizam o gasto em área de jurisdição legislativa exclusiva de outro ente governamental. Os governos centrais frequentemente utilizam esse poder de gasto para influenciar programas e atividades nas unidades constitutivas, notadamente por meio de transferências condicionais e de programas de custo partilhado.

Dispositivos legais sobre o poder de gasto em algumas federações

As constituições da **Austrália, Índia** e **Malásia** conferem, expressamente, ao governo central o direito de efetuar gastos em áreas além de sua jurisdição. Do mesmo modo, a da **Espanha** — embora sujeita a interpretações judiciais restritivas. A Constituição dos **Estados Unidos** confere ao governo central poder para arrecadar tributos que visem ao bem-estar geral, direito que tem sido interpretado de modo amplo, isto é, como ausência de limites para os gastos federais. No **Canadá**, a interpretação judicial deu a ambas as ordens governamentais poderes ilimitados de gasto, mas segundo um acordo entre o governo central e as províncias, novos gastos federais em áreas de competência provincial requerem o apoio da maioria das províncias, resguardado o direito individual de não adesão, sujeito a determinadas condições. A Constituição **suíça**, geralmente, não permite gastos do governo central em áreas de jurisdição cantonal exclusiva, mas, na prática, o único controle sobre tais gastos se daria mediante realização de referendos e não de decisões judiciais. Porém, isto não vem ocorrendo. A **Alemanha** tem grandes áreas de competência concorrente ou conjunta e muitas leis federais são administradas pelos *Länder*. Todas as decisões relativas a tais gastos requerem anuência da maioria dos *Länder* na câmara alta, o *Bundesrat*, onde os votos individuais dos *Länder* são ponderados. O caso da **Bélgica** é raro, tendo em vista que há limitação expressa do gasto às áreas de competência legislativa.

Apesar de a possibilidade de emprego do poder de gasto em transferências incondicionais ser relativamente pacífica, as unidades constitutivas frequentemente são contrárias aos repasses condicionais. Muitas são as razões:

- as condições do governo central podem, efetivamente, impor configuração aos programas das unidades constitutivas em áreas de competência exclusiva destas;
- as doações do governo central podem distorcer as prioridades das unidades constitutivas ao exigir contrapartidas como condição para recebimento dos repasses;
- o governo central pode resolver abolir ou reduzir as transferências quando um programa for estabelecido pelas unidades constitutivas, deixando-as com o ônus de responder à expectativa pública criada;
- repasses discricionários às unidades constitutivas podem ser usados pelo governo central para favorecer aliados políticos, como punição a adversários, ou até para distorcer resultados eleitorais.

Contra esses argumentos, defensores do poder de gasto reagem dizendo que poder de gasto e poder de legislar são coisas distintas. Não há, no caso do poder de gasto, prevalência de uma esfera de governo sobre a outra, uma vez que ambas podem gastar numa mesma área sem com isso criar conflitos ou impasse. Contudo, a principal defesa reside no fato de que o poder de gasto capacita uma federação a adaptar-se, podendo responder a circunstâncias variáveis e a necessidades nacionais.

Ambos os grupos de argumentos têm alguma validade, mas na prática o poder de gasto é, virtualmente, aspecto central na operacionalidade de todas as federações. Por isso, em geral a questão gira em torno de *como* e não *se* é apropriado usá-lo.

- Há normas **formais** (Alemanha) ou **informais** (Canadá) exigindo algum nível de consentimento das unidades constitutivas. O Canadá conta até mesmo com a possibilidade de não adesão pelas províncias que não concordam com uma dada iniciativa.
- Pode haver **graus variados de condicionalidade**, de modo que as unidades constitutivas possam formular programas que se ajustem a um amplo padrão ou objetivo nacional com maior discricio-

nariedade. Uma vez estabelecidos os programas, as transferências condicionais podem até mesmo ser convertidas em um bloco de transferências incondicionais.

Transferências condicionais e poder de gasto em algumas federações

Nos **Estados Unidos**, todos os repasses aos estados são condicionais e representam cerca de 30% das receitas em nível estadual. No **México**, esse percentual é de 49% das receitas estaduais, e na **Espanha** 42% das receitas de comunidades autônomas derivam de transferências condicionais. Ao contrário, **Canadá, Bélgica** e **Rússia** estão no extremo oposto, com 4%, ou menos, de suas transferências sendo condicionais (embora no caso do Canadá muitos programas sociais importantes tenham sido iniciados em base condicional e algumas transferências atualmente estejam sujeitas a princípios bastante amplos e à prestação de contas). Os repasses condicionais são importantes na **Austrália**, na **Índia** e na **Suíça**, onde representam entre 17% e 20% do total das receitas das unidades constitutivas. Também são usados em menor grau na **Alemanha** e na **Malásia**.

6
Instituições governamentais centrais

Importância e tipos de instituições centrais

Numa federação, as instituições políticas — legislativas, executivas, administrativas e partidárias — em nível central contribuem para definir-lhe a configuração e o caráter. Os arranjos institucionais das unidades constitutivas e os do governo central costumam ser do mesmo tipo.

As instituições e práticas formais e informais do governo central afetam intensamente a natureza e o funcionamento, não só dele mesmo, mas de toda a federação.

Tais instituições podem:

- ser parlamentaristas ou presidencialistas, quanto à forma;
- conferir considerável peso à representação regional ou de determinados grupos;
- usar sistemas eleitorais majoritários ou proporcionais;
- ter um partido político dominante, dois partidos que se alternam, ou múltiplos partidos de portes distintos;
- adotar política cultural partidária do tipo "o vencedor leva o total dos votos", ou baseada no consenso, com governos e mecanismos decisórios de base ampla.

A fim de manter a respectiva legitimidade e efetividade, os governos centrais devem honrar suas responsabilidades constitucionais, fomentar a unidade nacional, construir uma identidade nacional, proteger os direitos e as minorias e promover o funcionamento adequado da federação. Na prática, seu sucesso e mesmo seu compromisso com tais objetivos dependem, em muito, dos mecanismos institucionais e das práticas escolhidas.

As federações geralmente adotam o mesmo tipo de instituições legislativas e executivas (parlamentaristas ou presidencialistas) para ambas as ordens de governo (embora as câmaras altas constituam exceção nas unidades constitutivas). De modo oposto, os regimes eleitorais e os sistemas partidários podem ser distintos, mas a regra geral é que sejam semelhantes nos dois níveis de governo.

Sistemas parlamentaristas, presidencialistas e mistos

Os sistemas parlamentaristas, os presidenciais-congressuais, assim como suas variantes mistas apresentam grande diversidade quanto ao real funcionamento. Na prática, todos eles podem resultar em concentração de poder no Executivo, ou em pulverização do poder, de modo que tanto o Executivo quanto o Legislativo desempenhem papéis importantes e independentes. No primeiro caso, as relações intergovernamentais são caracterizadas por um "federalismo executivo".

As federações podem adotar instituições parlamentaristas, presidenciais-congressuais ou mistas em ambas as esferas de governo. Nos sistemas parlamentaristas, o gabinete (Executivo) é formado geralmente por membros do Legislativo e precisa contar com a confiança da câmara baixa para se manter no poder. Nos sistemas presidencialistas, o presidente é eleito pela população e escolhe os membros de seu gabinete (por vezes sendo necessária a ratificação do Legislativo), sendo que nem o presidente, nem o gabinete dependem da confiança do Legislativo para permanecer no cargo. Há importantes variações em ambos os modelos na África do Sul, Rússia e Suíça.

O modelo presidencial-congressual se baseia na separação de poderes entre Executivo e Legislativo, ao passo que o sistema parlamentarista integra os dois poderes. Os sistemas parlamentaristas produzem Executivos muito fortes quando um só partido controla a maioria do Legislativo e o gabinete pode assegurar a aprovação de suas propostas pelo Legislativo. Mesmo quando em governos de coalizão, os líderes partidários do gabinete podem deter controle substancial sobre seus membros do Parlamento. Por sua vez, os sistemas presidencialistas podem produzir Executivos bem mais frágeis, uma vez que o partido do presidente pode não controlar o Congresso. Ainda que controle, os parlamentares são muito mais independentes do que nos sistemas parlamentaristas.

Na prática, qualquer dos sistemas pode produzir um Executivo forte, com bom controle do Legislativo, ou um Executivo frágil, altamente dependente do Parlamento. A situação em cada caso irá depender do que reza a Constituição (por exemplo, poderes do Executivo comparativamente aos do Legislativo) bem como da configuração do sistema partidário. Algumas Constituições dão ao Executivo (e, sobretudo, ao presidente) poderes excepcionais, como a faculdade para baixar decretos. Em um ambiente político competitivo, as características do sistema partidário desempenham papel fundamental. Se o partido situacionista for dominante, pode controlar os dois poderes governamentais, mas caso seja frágil, dependerá da cooperação dos demais partidos. Portanto, o Executivo pode ser forte ou frágil, tanto em sistemas parlamentaristas quanto em sistemas presidencialistas.

Configuração das instituições legislativas e executivas em algumas federações

Estados Unidos, **Argentina**, **Brasil**, **México**, **Venezuela** e **Nigéria** adotam sistemas presidencialistas (a Nigéria já foi parlamentarista), porém diferem substancialmente. A Argentina e a Venezuela têm presidentes excepcionalmente fortes, se comparados aos demais. **Austrália**, **Áustria**, **Bélgica**, **Canadá**, **Alemanha**, **Índia**, **Malásia** e **Espanha** têm instituições parlamentaristas. A **África do Sul** tem um sistema misto, no qual o presidente é eleito pelo Parlamento tanto como chefe de Estado, quanto como chefe de governo, sem, contudo, ter assento no Parlamento. O regime adotado pela **Rússia** também é misto, sendo o presidente eleito pelo povo e o governo dependente da confiança do Parlamento. A

Suíça tem um Executivo composto por sete membros e eleito pelo Parlamento, que exerce o mandato independentemente de confiança parlamentar. O Executivo representa todos os principais partidos.

Nas federações onde o Executivo é forte, ele tende a dominar as relações entre o governo central e as unidades constitutivas — levando ao que se conhece por **federalismo executivo**.

Alta concentração de poder no governo central em algumas federações

Argentina e **Venezuela** por vezes são chamadas de hiperpresidencialistas, em função do alto grau de controle exercido pelo presidente. Na Argentina, o presidente tem ampla autoridade para baixar decretos e para autorizar transferências de recursos às províncias. Em federações onde um único partido domina tanto o governo central quanto os governos das unidades constitutivas (**África do Sul, Etiópia, Índia** — por certo período após a independência — **México** sob o regime do Partido Revolucionário Institucional — PRI), as principais decisões tendem a ser tomadas no âmbito do partido governista, seja o sistema parlamentarista, presidencialista ou misto e as instituições somente implementam as decisões dos líderes partidários. Na **Rússia,** cada vez mais, um único partido domina ambos os níveis de governo e, além disso, o presidente é excepcionalmente poderoso. Na **Malásia,** um único partido domina em nível central e o partido oposicionista controla apenas um estado.

Câmaras altas e representação territorial

O Legislativo central das federações geralmente mantém algum equilíbrio entre representação populacional e representação das unidades constitutivas, cuja representação federativa geralmente é atribuída às câmaras altas do Parlamento, mas pode se dar, também, nas câmaras baixas. O método de seleção de membros e de definição de poderes da câmara alta difere consideravelmente entre as federações, disso decorrendo consequências importantes para seu funcionamento.

Muitos países, federais ou não, contam com Legislativo bicameral. Nas federações, as duas casas legislativas:

- são sempre constituídas a partir de princípios de representação distintos em que a câmara alta geralmente é constituída a partir de fórmula baseada nas unidades constitutivas e a câmara baixa composta por representantes da população;
- são eleitas ou nomeadas segundo critérios diversos;
- podem desfrutar de poderes muito semelhantes ou bastante distintos.

Não há padrão único nas federações em relação a essa questão. Contudo, nos sistemas parlamentaristas, a câmara baixa geralmente é a casa legislativa cuja confiança determina a formação do governo.

Princípios de representação

Quase todas as federações contam com uma câmara alta cuja composição, de alguma forma, representa as unidades constitutivas. A prevalência de câmaras altas assim configuradas nas federações se associa à ideia de que tanto a população quanto as unidades constitutivas são partes integrantes da federação e de que essas duas dimensões precisam estar refletidas nas instituições centrais.

A representação na câmara alta frequentemente se baseia na representação igualitária para todas as unidades constitutivas, mas muitas federações optam por arranjos que refletem diferenças nos contingentes populacionais (unidades muito populosas, por exemplo, podem contar com número de representantes duas ou três vezes maior que as de menor população). Um pequeno número de federações opta por eleger alguns membros da câmara alta como representantes das unidades constitutivas. Há, também, casos em que são eleitos como representantes de distritos eleitorais alternativos (com base em lista nacional, ou em comunidades de base não geográfica).

Nos casos em que a eleição é direta, os membros da câmara alta geralmente têm mandatos mais longos que os da câmara baixa. Além disso, seu distrito eleitoral costuma abranger toda a unidade constitutiva, enquanto os membros da câmara baixa podem vir de distritos menores. Isso confere um *status* político diferente aos membros de cada uma das câmaras. Em algumas federações, os membros da câmara alta são indiretamente eleitos pelo Legislativo da unidade constitutiva (ou, mais raramente, por um misto de eleição direta e indireta). Direta e mesmo indiretamente, as câmaras altas eleitas costumam desempenhar papel relativamente pequeno na representação dos interesses e da visão dos governos (quando opostos aos das populações) das unidades constitutivas.

A câmara alta que desempenha o papel federal de maior destaque provavelmente é o *Bundesrat*, da Alemanha, que não é eleito. Delegações dos *Länder* são nomeadas por seus respectivos governos e oficialmente lideradas por seus respectivos ministros-presidentes. Toda legislação que afeta os *Länder* (cerca de 40% de toda a legislação, atualmente) precisa ser aprovada pelo *Bundesrat*, o que equivale a dizer que o governo central precisa da maioria ponderada dos votos desses governos para aprovar tais leis. O *Bundesrat* é, assim, peça-chave nas relações intergovernamentais. A natureza peculiar e integrada do federalismo alemão conferiu a ambas as ordens de governo enorme papel sobre quem controla os outros governos e, consequentemente, interação entre os partidos políticos federais e os dos *Länder*.

Por fim, em muitas federações, há também dispositivos que conferem peso extra à representação de unidades constitutivas menos populosas na câmara baixa, onde podem garantir o número mínimo (ou até mesmo máximo) de representantes. Geralmente, essa ponderação em favor dessas unidades ocorre muito menos nas câmaras baixas do que nas câmaras altas, mas pode ser bastante significativa, sendo o caso do Brasil o exemplo mais dramático. Seja nas câmaras altas ou baixas, os membros eleitos geralmente votam mais com os partidos do que de acordo com os interesses regionais. A vantagem para as unidades constitutivas menores com representação legislativa extra é que isso pode ajudar a balança de votos a pender na direção de determinado partido.

Representação em câmaras baixas e altas em algumas federações

Argentina, Austrália, Brasil, Nigéria, México, Rússia, África do Sul, Suíça e **Estados Unidos**, todos têm um número fixo de representantes na câmara alta para cada unidade constitutiva plena. **Áustria, Bélgica, Canadá, Etiópia, Alemanha** e **Índia** têm representação desigual para as unidades constitutivas, com peso atribuído em função das diferenças populacionais. A **Espanha** representa todas as províncias do território principal igualmente, mas no caso das comunidades autônomas (estados) a representação varia em função da população. O **México** garante a todos os estados representação equivalente, mas elege um quarto dos senadores nacionalmente, com base em representação proporcional.

A maior parte das federações elege os membros de suas câmaras altas diretamente, mas algumas (Áustria, Bélgica, Índia, Espanha) elegem alguns ou todos pela via indireta. As câmaras altas da **Rússia** e da **África do Sul** têm representantes nomeados tanto pelo Executivo quanto pelo Legislativo das unidades constitutivas. O governo dos *Länder*, na Alemanha, indica as delegações para o *Bundesrat*. Na **Malásia**, o Legislativo dos estados indica 38% dos membros da câmara alta, cabendo às minorias indicar os demais. O **Canadá** nunca obteve êxito em reformar seu sistema de composição do não eleito Senado, cujos senadores são indicados pelo governo federal para servir até os 75 anos. Na **Suíça** e na **Etiópia**, o Legislativo das unidades constitutivas decide como selecionar os membros da câmara alta nacional. A **Venezuela** não tem câmara alta.

O peso efetivo dos representantes das unidades constitutivas menores varia bastante nas federações. Num extremo encontra-se o **Brasil**, onde os senadores de estados que juntos englobam 8% da população nacional ocupam mais de 50% dos assentos. Na **Rússia**, o tamanho da unidade constitutiva menor corresponde a 1/450 do tamanho da maior, sendo que ambas gozam do mesmo grau de representação na câmara alta. Algumas federações também contam com dispositivos especiais com relação ao número de representantes das unidades constitutivas na câmara baixa. O **Brasil** novamente se destaca, na medida em que limita o número de representantes do estado com maior número de eleitores — São Paulo — e garante um número mínimo de representantes aos estados com poucos eleitores.

Poderes das câmaras altas

Não há um padrão definido no que diz respeito aos poderes atribuídos às câmaras altas nas federações. Em alguns casos, essas casas legislativas detêm, além dos poderes da câmara baixa, alguns poderes extraordinários, como dispor sobre tratados, declarações de guerra e sobre indicações para os cargos do alto escalão governamental. No outro extremo, figuram câmaras altas que são pouco mais do que casas revisoras, com poderes limitados para emendar ou postergar a apreciação de determinada legislação (sujeita, ainda, à revisão pela câmara baixa).

A gama de arranjos inclui tanto aqueles que dizem respeito ao escopo dos poderes da câmara alta (tipos de legislação e ação governamental sobre os quais lhe compete atuar) quanto os referentes à efetividade de tais poderes (veto, obstrução, prerrogativa de convocação de sessão conjunta das duas casas para resolução de impasse — que favorece a câmara baixa, que é mais numerosa). Algumas câmaras altas têm competência para dispor sobre assuntos de interesse da federação, como legislação que afete as unidades constitutivas ou sobre direitos específicos de grupos minoritários. Embora quase todas as federações tenham algum tipo de câmara alta (exceção feita à Venezuela), algumas dessas casas legislativas têm poderes relativamente pequenos ou pouca legitimidade, dado o modo como são formadas.

Poderes das câmaras altas em algumas federações

O Senado dos **Estados Unidos** goza dos mesmos poderes estendidos à Câmara dos Representantes, mas pode, por si só, aprovar indicações importantes, declarações de guerra e tratados. Na **Argentina**, na **Aus-**

trália, no **Brasil** e na **Suíça**, a aprovação das câmaras altas é essencial para qualquer legislação (muito embora, na Austrália, se possa resolver um impasse por meio de deliberação conjunta de ambas as casas depois de uma eleição especial). O *Bundesrat* **alemão** tem poder de veto sobre matérias que afetem os *Länder* (atualmente, cerca de 40% de todas as leis), além de direito a veto suspensivo nos demais casos. Na **Índia** e na **Nigéria**, as câmaras altas têm direito a veto, que pode ser derrubado pela maioria reunida em sessão conjunta das duas casas legislativas. As câmaras altas **austríaca**, **malaia** e **espanhola** têm apenas direito a veto suspensivo. O senado **canadense** goza de poderes consideráveis, mas, como lhe falta legitimidade política, usa seus poderes principalmente para fins de revisão e obstrução. A Casa da Federação **etíope** não desempenha qualquer papel no processo legislativo normal, mas pode rejeitar uma proposta orçamentária, em função das alocações fiscais para os estados. Também aprecia disputas entre os estados e atua como intérprete definitivo da Constituição. O Senado **belga** tem poder de veto sobre qualquer matéria que possa afetar o sistema federativo.

Partidos políticos

Os partidos políticos são fundamentais para o funcionamento das federações. A natureza dos partidos e do próprio sistema partidário reflete as divergências políticas da população e o histórico partidário, mas é, também, significativamente talhada pelas leis eleitorais e pelos arranjos constitucionais. As federações podem ter um único partido dominante, dois ou mais partidos maiores, ou muitos partidos. Geralmente, os partidos que operam em nível federal estão relacionados aos partidos das unidades constitutivas, mas há exceções.

Embora nem sempre previstos constitucionalmente, os partidos políticos e as leis eleitorais desempenham papel fundamental em relação ao modo pelo qual a constituição escrita, na prática, é operada. De fato, os partidos políticos são passíveis de mudanças muito mais rápidas do que os textos constitucionais. O funcionamento e a natureza de algumas federações têm se alterado drasticamente com a evolução dos respectivos sistemas político-partidários, mesmo sem modificação do texto constitucional. Isso tem ocorrido, particularmente, nos países onde havia um partido dominante — como o partido do Congresso na Índia ou o PRI no México —, mas que passaram a um sistema mais pluralista e competitivo.

Os dois principais modelos de sistema eleitoral são o de representação proporcional e o de representação majoritária. Há, também, os sistemas mistos.

- Os sistemas de **representação proporcional** (RP) tendem a basear-se em distritos eleitorais relativamente grandes e com multiplicidade de membros, nos quais os eleitores escolhem a partir de listas partidárias. Há, contudo, variações. Um elemento-chave em tais sistemas é a quantidade ou parcela mínima de votos necessária para eleger um representante. Em alguns casos, essa parcela é definida com base no total dos votos nacionais (por exemplo, 5%). Em outros, é simplesmente um resultado baseado no número de candidatos eleitos num determinado distrito eleitoral: quanto maior o número de eleitos, menor a proporção de votos necessários para se eleger.
- Nos sistemas **majoritários** cada distrito eleitoral elege um único membro, saindo vencedor o candidato que obtiver maior número de votos. Em alguns casos, os dois candidatos mais votados se enfrentam novamente em um segundo turno eleitoral para a decisão final.
- Os **regimes mistos** elegem alguns membros pelo sistema majoritário e outros a partir dos votos apurados para os partidos. Sendo assim, normalmente há predominância das regras de proporcionalidade se considerada a representação legislativa total.

Historicamente, as federações que adotam *common law* e antecedentes constitucionais britânicos têm optado pelos sistemas eleitorais majoritários, ao passo que as federações de tradição fundada no direito romano costumam empregar sistemas de representação proporcional. As exceções, todavia, são muitas. As eleições presidenciais são feitas, necessariamente, de acordo com variações do sistema majoritário, mesmo que o sistema de representação proporcional seja aplicado ao Legislativo. Algumas federações utilizam regras eleitorais distintas para as câmaras baixa e alta quando há eleições diretas para ambas.

Costuma-se dizer que os sistemas de representação proporcional tendem a uma maior fragmentação do que os sistemas majoritários, mas isso depende muito da precisão das normas aplicáveis (por exemplo, a definição dos patamares mínimos necessários à eleição de um candidato) e das características das bases eleitorais de apoio aos diferentes partidos. Assim, algumas federações que adotam o sistema de representação proporcional têm somente dois ou três partidos significativos. Entretanto, raramente num sistema proporcional um único partido recebe votação suficiente para ter maioria no Legislativo. Por isso, as federações parlamentaristas que adotam o sistema proporcional geralmente governam com coalizões multipartidárias.

Os regimes majoritários frequentemente possibilitam a um partido com representação bem inferior à maioria fazer jus à maioria dos assentos no Parlamento. Assim, as federações parlamentaristas de sistema majoritário muitas vezes governam com um único partido (embora o partido situacionista possa mudar com alguma regularidade). Os sistemas eleitorais majoritários geralmente dão aos partidos que têm parcela maior dos votos um número de assentos desproporcionalmente grande, mas muito depende da distribuição regional dos votos. Os partidos de menor porte, mas de grande concentração regional, também podem beneficiar-se dos sistemas majoritários. Em federações, como a Índia e o Canadá, os partidos de base regional por vezes têm uma parcela muito maior de assentos que votos, elevando com isso a importância das demandas regionais (ou locais — sejam de caráter étnico, religioso ou linguístico) no cenário nacional.

Uma questão crítica em uma federação é a base eleitoral dos vários partidos políticos. Tais partidos podem ter vínculos fortes ou fracos com uma classe, religião, etnia ou região. Podem ter base ampla ou estreita. Sem dúvida, o desafio de administrar uma federação é maior se os partidos de base regional forem muito fortes.

Sistemas partidários em algumas federações

Embora dois partidos tenham dominado a cena política nos **Estados Unidos** por mais de um século (nunca houve um terceiro partido que tenha durado), a base eleitoral e a natureza de ambos mudaram consideravelmente, sobretudo no sul do país, que começou a abandonar o Partido Democrata logo após a Lei de Direitos Civis nos anos 1960. O sistema partidário **australiano**, também dominado por dois partidos, tem se mostrado notavelmente estável. O sistema partidário do **Canadá** tem se mostrado muito mais volátil, com grandes alternâncias no apoio aos dois principais partidos e com longos períodos de importância dos partidos nacionalistas ou regionais. O sistema **alemão** tem se mostrado relativamente estável com dois grandes partidos, mas cada vez mais os partidos menores também contam, em razão do surgimento de novas questões (meio ambiente) e da unificação com a antiga Alemanha Oriental.

Índia e **México** foram por muito tempo países dominados por um único partido, em ambas as esferas governamentais. A Índia agora apresenta um sistema altamente fragmentado, requerendo coalizões multipartidárias para formar um governo. No México, os últimos presidentes têm trabalhado com um Congresso controlado pela oposição. Na **África do Sul**, o Congresso Nacional Africano continua a dominar ambas as ordens de governo. A história recente da política eleitoral na **Nigéria** foi marcada por um grande partido e uma oposição pulverizada, porém significativa. A **Espanha** tem um sistema competitivo de dois grandes partidos, mas ambos dependem de partidos menores, de base regional, se quiserem formar um governo. O antigo sistema partidário da **Bélgica**, fundado em divisões de direita e esquerda, fracionou-se em torno de divisões comunitárias, mas as coalizões tendem a cruzar esses limites. O sistema **suíço**, fundado em amplas coalizões e consenso, está sendo testado pela emergência do Partido do Povo Suíço. A democracia **argentina** foi interrompida por períodos de ditadura militar, mas o sistema partidário é volátil, refletindo o caráter presidencial de sua política. Na **Rússia**, um partido presidencial dominante emergiu de um sistema partidário anteriormente fragmentado.

Dispositivos relativos às minorias

Independentemente de seus sistemas partidários, as federações diferem no modo pelo qual acomodam as minorias regionais e ét-

nicas nas instituições centrais de decisão. A inclusão pode refletir o poder das minorias na construção de convergência. Pode, também, configurar uma questão de cultura política, uma prática estabelecida, ou pode estar prevista na Constituição. Garantir voz efetiva às minorias nas instituições centrais pode ser importante para a promoção de harmonia social e estabilidade política.

Vimos que a composição das unidades constitutivas numa federação pode ser importante para conferir direitos e acomodar populações territorialmente concentradas, dotadas de identidade forte e peculiar. Contudo, mesmo que tal população constitua uma maioria regional em uma dada unidade constitutiva, pode não se identificar com a federação como um todo, caso se sinta alvo de tratamento impróprio ou excluída das instituições políticas e administrativas que formam a federação.

As federações variam quanto ao grau de efetividade que as vozes das minorias logram alcançar no âmbito das instituições centrais, quer por intermédio dos partidos políticos, quer por outros meios. Algumas federações adotam abordagem política essencialmente baseada no consenso, enquanto outras privilegiam as soluções majoritárias (algumas vezes chamada "o vencedor leva tudo"). Nesse particular, as diferenças entre os países refletem não só a respectiva cultura política, como também as instituições. Questão-chave diz respeito a qual dos dois sistemas, o presidencialista ou o parlamentarista, está melhor configurado para facilitar e acomodar a inclusão das minorias no governo central.

- Os sistemas presidencialistas escolhem um vencedor, chefe do governo, mas podem contemplar práticas ou regras que assegurem ampla representação do país no governo central e em outros órgãos do alto escalão. O poder do presidente pode, também, ser controlado se o Legislativo for independente e, de fato, dotado de poderes próprios, especialmente se os partidos de oposição que o integram forem importantes. Muitas federações de diversidade étnica acentuada não são presidencialistas (sendo a Nigéria notável exceção).

- Os sistemas parlamentaristas podem ser majoritários, em especial com regimes de pluralidade e distritos eleitorais de representação única, onde um partido sozinho pode conquistar a maioria. Contudo, mesmo em tal caso, partidos governistas de porte geralmente têm uma representação ampla, de modo que uma minoria também pode fazer parte de sua base eleitoral. Os sistemas parlamentaristas também podem conter diversos partidos menores, por vezes baseados em comunidades étnicas, religiosas ou linguísticas. Nesse caso, a questão é como formar um governo de coalizão.

Acomodação de minorias no governo central de algumas federações com diversidade étnica, linguística ou religiosa

O **Canadá** adota um regime parlamentarista majoritário, mas a minoria franco-canadense tem desempenhado papel importante em todos os governos. O governo da **Índia** é, cada vez mais, formado a partir de amplas coalizões, que incluem muitos partidos pequenos representativos de comunidades distintas. A **Suíça** adota abordagem bastante consensual, na qual todos os grandes partidos se juntam para formar o governo. Os governos da **Bélgica** são, por exigência da Constituição, coalizões capazes de superar as barreiras linguísticas. Os governos parlamentaristas da **Espanha** tendem a exigir o suporte de pelo menos um partido de base regional junto a um dos dois grandes partidos nacionais. O regime presidencialista da **Nigéria** requer que o presidente e o vice-presidente sempre sejam oriundos de regiões diferentes (e na prática também de religiões diferentes) e que o governo inclua um membro de cada um dos estados.

Além da participação nas instituições do governo central, as políticas podem promover (ou desencorajar) a participação ou representação das minorias no Exército, no serviço público civil e nos tribunais. Aos idiomas minoritários também pode ser conferido *status* oficial, de maneira que os cidadãos integrantes de tais minorias sejam atendidos pelo governo central ou pelos tribunais nos respectivos idiomas e, em alguns casos, possam utilizá-los quando trabalham em instituições governamentais.

7
Pilares legais do federalismo

Bases constitucionais do federalismo

Uma efetiva governança federativa precisa basear-se em uma Constituição escrita e no Estado de Direito. A Constituição estabelece o arcabouço fundamental e os princípios norteadores da federação. Uma Constituição também pode tornar-se simbolicamente importante na promoção de unidade ou divergência no país. As Constituições variam muito quanto a aspectos como extensão, especificidade e acessibilidade.

As Constituições escritas são essenciais nas federações para determinar os limites da atuação de cada ordem de governo. Uma Constituição precisa dispor, pelo menos, a respeito das instituições fundamentais e da alocação de responsabilidades dentro do sistema federativo.

As Constituições federais variam muito. As federações mais antigas geralmente têm Constituições bem mais curtas do que as surgidas a partir da última metade do século XX. São anteriores ao advento dos governos modernos e, geralmente, são reticentes ou elípticas com respeito a temas que hoje são atuais e importantes para qualquer governo, como a gestão ambiental, por exemplo. Além disso, podem conter alguns princípios básicos sobre a alocação de poderes (por exemplo, poderes residuais, interesse nacional, comércio) cuja interpretação pode ter evoluído de modo bastante distinto do pretendido pelos autores do texto constitucional originário. As Constituições mais curtas tendem a ser mais flexíveis do que as que incluem listas detalhadas dos poderes atribuídos a cada ordem de governo.

Há considerável margem de escolha em relação ao que deve ser abrangido pelo texto constitucional e o que deve ser deixado à legislação ordinária. Isso pode suscitar grandes debates porque a constitucionalização de determinadas normas pode ter o propósito de conferir reconhecimento simbólico a uma determinada matéria, proteção adicional, ou ambos. Os dispositivos concernentes à definição do país, ao reconhecimento de minorias, identidade linguística e religiosa podem ser muito importantes como elemento desagregador ou unificador da população em torno da Constituição. As constituições mais recentes geralmente incluem longas seções relativas a direitos sociais e econômicos. Ideal seria que houvesse amplo consenso em relação aos dispositivos constitucionais, já que se trata da "lei fundamental". Por essa razão, as emendas ao texto base requerem quóruns e procedimentos especiais.

Arbitragem constitucional

A existência de duas ordens de governo independentes em uma federação cria a demanda por um árbitro constitucional, capaz de resolver os conflitos em torno das respectivas competências. Esse papel geralmente é confiado aos tribunais.

Uma Constituição federal deve dispor sobre os métodos de resolução de possíveis disputas entre as diferentes ordens de governo em torno das respectivas atribuições. Havendo contradições entre dispositivos legais vigentes, um cidadão ou uma empresa só pode obedecer a um deles. Surgem, então, várias formas de conflitos legais:

- quando ambas as ordens de governo têm competência comum sobre determinada matéria, as leis de uma delas há de prevalecer em caso de conflito. As Constituições costumam indicar sempre a quem cabe a precedência. Esta, normalmente, é das leis federais, mas há exceções (por exemplo, as leis provinciais prevalecem no Canadá);

- acontece de ambas as ordens de governo aprovarem leis conflitantes e cada uma defender a legitimidade de sua própria lei, sob o argumento de que foi emanada de competência distinta. O governo central pode, por exemplo, ter competência para dispor sobre comércio interno e os governos das unidades constitutivas sobre propriedade imóvel, vindo, então, a aprovar leis conflitantes envolvendo essas duas matérias. Nesse caso, a resolução do conflito requer a determinação da matéria — comércio interno ou propriedade imóvel — mais relevante;
- às vezes, não há, de fato, conflito entre duas leis, mas um governo ou interesse particular pode se opor a uma lei aprovada por outro governo qualquer, sob a alegação de que a lei estaria extrapolando a respectiva competência jurisdicional desse governo;
- por vezes, a objeção se dá sob a alegação de que a lei contraria algum direito constitucionalmente estabelecido.

Um Judiciário forte e independente é crucial para o Estado de Direito. Na maioria das federações, o Judiciário, e em particular os tribunais superiores ou as cortes constitucionais, é a instância jurídica mais alta para a resolução de disputas envolvendo a Constituição. Essa categoria de atuação pode, eventualmente, colocar uma corte superior em situação delicada, tendo que rejeitar uma ação ou lei considerada importante por um governo poderoso.

Há, ao menos, duas federações que não atribuem às cortes supremas a decisão final de todos os litígios em matéria constitucional: a federação suíça, que se fundamenta no princípio de que as decisões finais e soberanas cabem sempre ao povo, que decide por referendo questões que envolvam a validade de lei federal (não cantonal); e a Etiópia, onde a Casa da Federação, eleita pelos legislativos estaduais, tem a palavra final, sujeita a procedimento de consulta a vários juízes.

Poderes emergenciais e poderes especiais não federais

Em algumas federações, o governo central, ou seu Poder Executivo, pode sobrestar determinados preceitos constitucionais em situações especiais tais como as emergências. Embora se justifiquem em determinadas circunstâncias, esses poderes podem ser usados abusivamente, driblando a concepção constitucional de governo. A evolução política de algumas federações limitou ou tornou obsoleto o uso de poderes dessa natureza.

Algumas federações têm sido consideradas quase federais porque seus governos centrais têm imenso poder para intervir nas unidades constitutivas. Por vezes, sob a forma de poder emergencial, o governo central pode sustar o governo em uma determinada unidade constitutiva. Outras podem valer-se de poder diretivo geral, poder suspensivo ou da revogação de benefícios. Em qualquer caso, apresenta-se a questão sobre quais as técnicas constitucionais capazes de impor limitações ao uso desses expedientes pelo governo central. Os tribunais podem desempenhar algum papel na avaliação da real emergência, ou então, pode haver necessidade de manifestação parlamentar. Mas, nesse caso, a efetividade da medida é discutível se o Legislativo estiver controlado pelos aliados do governo. A Constituição da África do Sul, provavelmente, é a mais desenvolvida na especificação de mecanismos de proteção em tais casos. Ao longo do tempo, países originariamente quase federais, como o Canadá e a Índia, evoluíram no sentido de evitar a utilização desses instrumentos. Todavia, os mesmos continuam sendo usados em grande escala, para o enfraquecimento de algumas federações, como ocorre na Argentina.

Poderes emergenciais e poderes extraordinários em algumas federações

Constitucionalmente, o governo central **canadense** pode desaprovar uma lei provincial antes de sua entrada em vigor e declarar federal qualquer matéria ou atribuição, mas, na prática, estes poderes são obsoletos. Na **Índia**, um governo estadual pode ser destituído e substituído por ato presidencial. Embora previstos para casos de emergência, ou de ruptura de um governo constitucional, poderes dessa natureza já foram manipulados para fins partidários, estando, hoje, sujeitos à supervisão disciplinadora dos tribunais e da cultura política indiana. Segundo a nova Constituição da **Nigéria**, o presidente pode declarar estado de emergência em um estado e suspender temporariamente a autoridade do governo local, o que já ocorreu uma vez. Na **Rússia**, o presidente tem amplos poderes para declarar estado de emergência em qualquer parte do país, bem como para suspender o efeito de qualquer ato das unidades federativas que contrarie a Constituição, lei federal, tratados ou direitos e liberdades da pessoa humana. A **Argentina** já testemunhou mais de 175 intervenções federais em assuntos provinciais, inclusive a derrubada de governos, mas os tribunais têm se recusado a apreciar o tema, que entendem de natureza política. O governo federal do **Paquistão** pode nomear governadores provinciais, aprovar a dissolução de uma assembleia legislativa pelo respectivo governador, nomear interventores e formular diretrizes para as províncias. A Constituição da **África do Sul** permite que o governo central emita diretivas para uma província ou que assuma diretamente uma responsabilidade provincial quando a província viola a lei ou a Constituição. Mas, para que se tornem efetivas, essas medidas precisam ser submetidas à aprovação e à revisão periódica da câmara alta.

Emenda constitucional

As emendas às constituições federais requerem procedimentos e quóruns especiais. Geralmente demandam consentimento do Legislativo ou da população das unidades constitutivas. Consequentemente, emendar uma Constituição pode ser difícil. Por isso, a fim de possibilitar que as federações se adaptem às mudanças circunstanciais, alternativas às alterações constitucionais formais são frequentemente utilizadas.

As democracias geralmente têm procedimentos e quóruns especiais para o processo de emenda constitucional. Isso é particularmente verdadeiro nos casos em que o princípio federativo atribui papel específico às unidades constitutivas relativamente às emendas, sobretudo nas federações formadas por agregação, em oposição às formadas a partir de sistemas unitários. As federações geralmente dão às unidades constitutivas poder de veto absoluto sobre determinadas matérias que as afetam diretamente, sobretudo em questões que digam respeito à alteração das respectivas fronteiras ou à fusão com outras unidades constitutivas. As federações variam muito quanto ao grau de assentimento necessário para promover modificação nos poderes de todas as unidades constitutivas; esta variação pode ir da maioria simples, em algumas federações, à unanimidade, em outras.

A deliberação sobre as emendas constitucionais geralmente envolve o Legislativo e o Executivo das federações, mas também pode haver necessidade de aprovação por maioria simples ou qualificada em referendo popular. As unidades constitutivas, também, podem desempenhar pequeno ou nenhum papel em relação a emendas que não as afetem diretamente. As unidades constitutivas geralmente são livres para emendar suas próprias constituições nos limites estabelecidos pela Constituição federal.

As normas relativas às emendas, geralmente, têm tornado difícil a alteração das Constituições e a política envolvida no processo de emenda pode revelar-se bastante desagregadora. Consequentemente, as federações costumam buscar alternativas ao processo formal de emenda.

Emenda constitucional em algumas federações

As emendas à Constituição dos **Estados Unidos** requerem aprovação de dois terços dos membros de ambas as casas do Parlamento nacional e de três quartos dos estados. No **Brasil**, são necessários 60% dos membros de ambas as casas, mas em face da representação proporcionalmente elevada de parlamentares dos estados menos populosos, esse quórum pode ser considerado alto. A **Espanha** requer maioria qualificada nas duas casas legislativas, mas não atribui qualquer papel às comunidades autônomas. A **Áustria**, normalmente, exige apenas uma maioria qualificada na câmara baixa ou maioria nacional em referendo. A **Bélgica**, embora não centralizada, tem sistema elaborado, que culmina no requisito de uma maioria de dois terços em ambas as casas, portanto exigindo, na prática, participação substancial das duas comunidades predominantes. A **Rússia**, normalmente, requer supermaiorias em ambas as casas e dois terços dos entes da federação. A **África do Sul** exige maioria qualificada na câmara baixa, além do assentimento de seis das nove províncias no caso de emendas que as afetem. A **Austrália** requer dupla maioria dos votantes em referendo nacional no caso de proposta de mudança à Constituição federal: maioria nacional e maioria em quatro dos seis estados.

Algumas federações têm regras diferentes para emendar seções distintas de suas Constituições. O **Canadá**, por exemplo, tem pelo menos cinco regras distintas, algumas requerendo unanimidade. De igual maneira, a **Índia** apresenta regras distintas para matérias diferentes. No caso desse país, o estranho não envolvimento dos estados na discussão de mudanças concernentes a suas próprias fronteiras foi deliberadamente introduzido, em função da expectativa de que logo tais mudanças teriam de ser promovidas.

Direitos nas Constituições federais

Muitas Constituições federais contêm dispositivos relativos aos direitos que podem ser invocados em leis ou atos governamentais. Esses direitos podem ser políticos, legais, sociais, linguísticos ou econômicos. Podem ser importantes, como símbolos políticos. Podem aplicar-se igualmente a toda a federação, ou ser específicos de uma determinada unidade constitutiva ou população. A interpretação dos direitos é uma das atribuições principais dos tribunais em muitas federações.

Embora as federações tenham por base a alocação de poderes às duas ordens de governo, estes são limitados por dispositivos relativos a direitos previstos na Constituição. Assim, o poder de legislar sobre direito penal pode estar limitado por vários direitos e o poder de legislar sobre educação, por sua vez, pode estar restringido pelos direitos constitucionalmente conferidos a certas populações de frequentar escola que siga seu próprio idioma ou religião. Esse conjunto de direitos constitucionalmente garantidos pode ser importante aspecto de um pacto ou acordo federativo, porque oferece certas proteções quando da transferência de poderes ao governo central ou às unidades constitutivas por ocasião da criação da federação.

A proteção dos direitos de minorias pode ser particularmente importante nesse contexto. A Constituição é símbolo primordial na definição de um país, sendo os dispositivos referentes aos direitos, de particular importância para a população. Os dispositivos relativos aos direitos das minorias, em especial, tanto podem ser fonte de orgulho e unidade, quanto de discórdia e rivalidade. Muitos dispositivos relativos aos direitos são igualmente aplicáveis a todas as ordens de governo numa federação, mas outros, sobretudo os relativos aos direitos das minorias, podem diferir bastante, a depender da jurisdição. Assim, algumas unidades constitutivas têm suas próprias Constituições, em que os dispositivos relativos aos direitos podem diferir dos previstos na Constituição nacional.

Há uma tremenda variedade, tanto dos tipos de direito previstos nas Constituições, quanto da forma pela qual são expressos. Os direitos clássicos são políticos (liberdade de expressão, de se reunir em assembleia, de imprensa e de religião) e legais (proteção contra prisão ou detenção arbitrária, direito ao devido processo legal). Podem também ser de natureza econômica (propriedade). Algumas constituições federais preveem, ainda, direitos relativos a idiomas ou religiões específicos (idiomas do governo, escolas especiais). Há, também, as que conferem proteção aos direitos de igualdade (contra discriminação de qualquer espécie). Algumas contêm declarações ambiciosas relativas aos direitos econômicos e sociais (direito a emprego e educação), que podem ser entendidas mais como metas do que como direitos exigíveis, em função dos limitados recursos do governo, especialmente em países pobres. A Constituição do Brasil prevê muitos direitos altamente detalhados, como, por exemplo, a garantia de que imóveis considerados bens de família não podem ser penhorados e como direito à remuneração adicional em expedientes noturnos. Certas federações também constitucionalizaram direitos especiais de populações aborígenes ou indígenas. A Constituição da Bósnia-Herzegovina incorpora cláusulas internacionais de direitos humanos.

A interpretação de direitos pelo Judiciário pode ter grande impacto sobre o funcionamento de uma federação. As Constituições mais antigas geralmente apresentam listas mais concisas e clássicas de direitos, ao passo que as mais recentes (ou as recentemente emendadas) exibem listas mais extensas, que abrangem não apenas os direitos tradicionais, mas também vários direitos relevantes para determinados grupos sociais.

Papel e natureza das cortes judiciais

Dada a importância da interpretação jurídica das constituições, a legitimidade do Judiciário é fator fundamental. Ela pode ser afetada pelo método de escolha dos juízes e pelo papel que desempenham. São frequentes os debates sobre o papel adequado ao Judiciário, pois juízes não são obrigados a prestar contas à população. A discricionariedade judicial para a resolução de litígios deve ser balanceada por normas legítimas, emanadas do processo político.

A maioria das federações conta com mecanismos para garantir que os candidatos à magistratura (especialmente aqueles que terão assento nos tribunais superiores) sejam escolhidos em função da competência profissional. Algumas, em especial as presidencialistas, exigem que as indicações sejam revistas por, ao menos, uma das casas legislativas. Há federações que consultam as unidades constitutivas e até requerem sua aprovação. Em muitas, há alocação formal ou informal dos assentos nas cortes superiores para juízes oriundos de determinadas unidades constitutivas, ou que falem certo idioma, ou mesmo tenham formação jurídica específica (nos casos de países com mais de um sistema judicial). Por fim, a independência judiciária normalmente se encontra protegida por grande estabilidade funcional, que torna muito difícil destituir um juiz do cargo durante o respectivo mandato. Bons salários podem tornar os magistrados menos suscetíveis a suborno.

Há sempre alguma dimensão política na escolha de juízes, de modo que a composição de uma corte pode ser influenciada pela visão política e pelas preferências daqueles que os indicam. A alternância de partidos no governo tende a produzir tribunais mais equilibrados, assim como procedimentos visando assegurar o grau de competência profissional. Não há tribunal superior imune a alegações de parcialidade. Por isso, é importante que disponham de credibilidade e legitimidade para lidar com casos controversos. Embora algumas federações tenham muito êxito nesse particular, em outras a independência ou a competência das cortes é considerada insuficiente — e mesmo suspeita de subserviência ao Executivo ou passível de subornos.

Independentemente de como se estabeleçam as cortes, o sistema judiciário pode sofrer desgaste durante o julgamento de casos mais polêmicos. Nos Estados Unidos, disputas políticas em relação ao tema do aborto ou aos direitos civis causaram sérias dificuldades aos tribunais. Na Índia, cidadãos frustrados têm feito apelos cada vez mais contundentes às cortes sobre questões como a poluição do ar e a população de macacos em Nova Delhi, problemas que envolvem não só a formulação de políticas, como também aspectos jurídicos. Por vezes, um tribunal exara decisões de consequências onerosas sem que seja responsável pela respectiva implementação.

Em algumas federações, o papel das cortes em certas matérias é limitado, porque a competência para apreciar as disputas é atribuída a outro órgão (por exemplo, a Comissão de Águas, na Índia), ou porque acordos maiores são reservados à esfera política e não à jurídica (é o caso dos acordos federal-provinciais no Canadá), ou ainda, porque, antes de recorrerem aos tribunais, os governos devem resolver as disputas, mesmo as de cunho constitucional, por meio de procedimentos políticos (como na África do Sul).

8

Relações intergovernamentais e política

Interdependência e interação

Em todas as federações há considerável interdependência entre os governos. O modo pelo qual políticos, funcionários públicos, membros ou interessados em organizações públicas e privadas e cidadãos em geral tentam influenciar resultados ocorridos fora dos limites da própria jurisdição é peculiar à vida política de cada federação.

Em todas as federações a interdependência é inevitável e significativa. É marcante, particularmente, nas federações cujos governos subnacionais implementam muitos programas ou leis federais, onde a competência comum ou conjunta é exercitada em diversas áreas, e onde as unidades constitutivas são consideravelmente dependentes de transferências condicionais do governo central.

As federações podem lidar com essa interdependência por meio de mecanismos formais e até constitucionais, ou fazendo uso de arranjos informais e *ad hoc*. Os chefes de governo, assim como os ministros, podem liderar o cenário, ou importante papel pode caber ao Legislativo. Os partidos políticos, também, podem desempenhar função relevante. Pode haver categorias bastante distintas de consulta, coordenação e cooperação, que variam não apenas entre diferentes federações ou a depender da matéria, mas também entre políticas governamentais controvertidas e questões administrativas mais rotineiras. Há, em todas as federações, alguma medida de colaboração e conflito. O governo central pode valer-se de supremacia financeira ou legal para influenciar os governos das unidades constitutivas. Estas últimas, por sua vez, podem retardar manifestações de aprovação, nos casos autorizados pela lei. Ambos, porém, podem tentar ganhar apoio da opinião pública para o alcance de seus objetivos.

Papel dos poderes Executivo e Legislativo

Executivos fortes costumam levar ao exercício do federalismo executivo nas relações intergovernamentais, ao passo que executivos mais frágeis deixam mais espaço para a atuação dos legislativos. Os sistemas parlamentaristas costumam ter executivos mais fortes do que os sistemas presidencialistas congressuais, mas não há regra absoluta. O papel e a força do Executivo ou do Legislativo podem mudar significativamente, sobretudo em decorrência de alterações do regime político partidário mesmo que as instituições não sejam formalmente modificadas.

Nas federações modernas, o papel do Executivo é dominante em relação ao do Legislativo. Esta assertiva é verdadeira, particularmente, nos regimes parlamentaristas, em que os partidos carecem da disciplina e do apoio do Legislativo para a formação do governo. Mas os governos dos sistemas parlamentaristas podem ser fracos, sem uma maioria estável ou por causa de coalizões pouco robustas. Nos sistemas presidencialistas congressuais há uma divisão de poderes entre Executivo e Legislativo, o que pode levar à difusão do poder e a uma atuação independente do Legislativo, que poderá se relacionar diretamente com os governos das unidades constituintes (os quais, por sua vez, pressionam os parlamentares). Porém, alguns regimes presidencialistas são dotados de Executivo forte, especialmente quando o partido presidencial é disciplinado e controla o Congresso. Há, ainda, casos como a Argentina, em que a presidência goza de importantes poderes quase legislativos para baixar decretos.

O sistema político-partidário é crucial. Nas federações onde os partidos políticos das duas esferas de governo estão integrados, os líderes partidários nacionais podem exercer grande influência sobre candidatos e líderes das unidades constitutivas. Assim como barões regionais com bases assentadas nas unidades constitutivas podem ser aliados de peso para o partido, em nível central. Tanto a Índia quanto o México tiveram, no passado, um único partido dominante em nível central, mas evoluíram para um regime pluripartidário, com partidos mais descentralizados e Executivo enfraquecido (muito embora a Índia seja parlamentar e o México, presidencial-congressual). Tanto na África do Sul, quanto na Etiópia há um partido central que, efetivamente, controla a política das unidades constitutivas. Os partidos na Alemanha, em ambos os níveis, estão muito ligados, devido ao papel desempenhado pelos *Länder* no governo central. Muitas questões intergovernamentais importantes são trabalhadas, tanto nos partidos quanto entre os respectivos governos. Mesmo em federações com sistemas partidários muito integrados, políticos de um nível de governo têm eleitorados e interesses distintos dos de seus colegas de bancada do outro nível. Algumas dessas diferenças podem ser resolvidas nos próprios partidos; outras exigem a realização de fóruns intergovernamentais.

O Canadá e os Estados Unidos são federações cujos partidos têm ligações fracas entre os dois níveis de governo. Mas os partidos canadenses, em ambos os níveis, são bastante disciplinados e os executivos fortes, configurando, possivelmente, o exemplo clássico de federalismo executivo entre governos. Nos Estados Unidos, os partidos são muito menos disciplinados e os executivos, mais fracos. Então, as relações intergovernamentais dependem muito de *lobby* político dos governadores dos estados e de *lobby* individual, com pouca evidência de federalismo executivo.

As câmaras altas nas relações intergovernamentais

As câmaras altas, em geral, são vistas como casas federais, na medida em que sua composição de algum modo reflete fatores regionais. Na prática, poucas delas são, de fato, importantes nas relações intergovernamentais. Contudo, podem influenciar o peso relativo

das unidades constitutivas nas instituições centrais, especialmente quando se trata de câmara alta com poder significativo, cuja composição favoreça as unidades constitutivas menores.

Na Alemanha, a câmara alta é formada por representantes dos governos das unidades constitutivas. O *Bundesrat* incorpora formalmente o federalismo executivo no processo legislativo, com os representantes dos *Länder* votando sobre as questões que afetem diretamente estas unidades constitutivas. A África do Sul adotou, em grande parte, esse modelo, com os governos provinciais sendo representados no Conselho Nacional das Províncias, cujo papel até aqui tem sido limitado, dado o controle exercido pelo Congresso Nacional Africano.

As câmaras altas eleitas indiretamente (pelo Legislativo das unidades constitutivas) em geral desempenham um papel relativamente menor nas relações intergovernamentais (diferentemente do que acontece em relação a outras matérias), porque enviam representantes do governo e da oposição (vale considerar que os situacionistas geralmente representam o ponto de vista de seus governos). Onde os membros da câmara alta são eleitos diretamente pela população, eles tendem a votar em maior consonância com as diretrizes partidárias do que por motivações regionais, bem como a serem bastante independentes dos governos de suas respectivas unidades constitutivas. Naturalmente, algumas vezes os líderes partidários de certo nível de governo podem influenciar a eleição de candidatos de outro nível e, depois, se valerem do apoio destes para alcançar objetivos de natureza intergovernamental. De igual maneira, alguns líderes governamentais com poder para patrocinar interesses são capazes de influenciar os membros de outro Legislativo. Ainda assim, a maior parte das câmaras altas desempenha limitado papel nas relações intergovernamentais. Onde podem ter maior impacto é nas federações que conferem às pequenas unidades constitutivas igual representação ou peso desproporcional na câmara alta. Esta então assume poderes significativos, o que pode vir a favorecer as unidades constitutivas menores no processo decisório nacional.

Instituições e processos

As federações se utilizam de várias instituições e processos em suas relações intergovernamentais. Estes podem ser formais ou mesmo constitucionais, mas geralmente são informais. Muitas federações administram suas relações intergovenamentais por meio de diversos tipos de instrumentos políticos e legais.

O principal foco das relações intergovernamentais recai sempre sobre as relações verticais entre o governo central e as unidades constitutivas. As relações horizontais entre as unidades constitutivas tendem a ser menos importantes ou desenvolvidas, com foco, geralmente, na cooperação regional entre algumas delas. Em algumas federações (Suíça e Canadá), as unidades constitutivas dispõem de mecanismos para promover o fomento de posições comuns visando ao relacionamento com o governo central mas isso pode ser difícil, em face de interesses divergentes).

A maioria das federações se caracteriza por uma densa rede de relacionamentos entre os governos: entre chefes de governo, ministros, outros membros eleitos, funcionários públicos de alto escalão, assessores políticos e administradores locais. Nos níveis mais altos, na maior parte dos governos nacionais ou subnacionais, tanto o chefe de governo quanto seus principais ministros costumam promover esse tipo de envolvimento.

- Os chefes de governo geralmente mantêm um escritório de relações intergovernamentais em seu círculo mais próximo (no próprio gabinete, ou no ministério do interior, geralmente chefiado por um ministro). Muitas federações promovem encontros regulares entre os chefes de governo, que podem revelar-se úteis na resolução de problemas e no desenvolvimento do bom relacionamento.
- Os ministros de finanças sempre desempenham um papel importante no federalismo fiscal e em outras questões econômicas. Seus ministérios, geralmente, têm uma equipe especial para essa função. Frequentemente, os vínculos entre os altos funcionários da equipe econômica são fortes.

- Outros ministros, de ambos os níveis governamentais, também serão envolvidos, a depender dos interesses.

Os Estados Unidos constituem caso excepcional, porque carecem de um sistema estruturado de federalismo executivo, notadamente entre os chefes do Executivo. Em outros regimes presidenciais-congressuais na América Latina e na Nigéria há, geralmente, alguns arranjos estruturados.

Os principais políticos tendem a liderar nos temas mais relevantes. Para que as reuniões sejam bem-sucedidas, é importante que estejam bem preparados e que suas decisões sejam implementadas. Portanto, em torno deles travam-se diversas cadeias de apoio, seja para detalhamento de políticas, seja para administração organizacional. Os mecanismos de apoio a tais cadeias abrangem um amplo leque de possibilidades administrativas, legais e políticas. Um pequeno número de federações implementou inovações que chamam a atenção da comunidade internacional. A Austrália, por exemplo, tem uma comissão independente, com muitos funcionários, a *grants commission*, encarregada da avaliação da capacidade fiscal e das necessidades dos estados e também de formular recomendações e orientar as transferências voluntárias. Conta, ainda, com um conselho de empréstimos que aprecia e aprova empréstimos estaduais e com o Conselho dos Governos da Austrália, que é composto pelos primeiros-ministros dos estados, além de outros ministros, e é assistido por um secretariado. Os cantões suíços criaram um conselho cantonal para lidar com questões entre si, mas que se destina também a coordenar as posições dos cantões perante o governo central. Contudo, a experiência sugere que o sucesso de qualquer instituição dessa natureza é altamente dependente do contexto das políticas e questões em que atuam.

Federalismo coercitivo versus federalismo consultivo

Em algumas federações, o papel do governo central é visivelmente dominante. Pode até mesmo atuar coercitivamente nas relações com as unidades constitutivas. Em outras, há maior equiparação

entre os governos e as relações se travam com maior ênfase nos processos de consulta, na negociação e em acordos. Embora todas as federações combinem alguma medida de cooperação e de conflito entre os governos, o clima político que marca as relações intergovernamentais pode variar significativamente.

Em algumas federações, o governo central detém fortes poderes legislativos (por exemplo, competência concorrente) sobre as unidades constitutivas ou expressivo poder de gasto que lhe permite atuar de modo bastante unilateral na esfera legislativa, ou ainda, valer-se das transferências condicionais para induzir as unidades constitutivas a apoiá-lo. Estas, por sua vez, podem tentar utilizar-se das relações intergovernamentais para limitar tais poderes, mas seu sucesso dependerá da habilidade para granjear suporte político. Os Estados Unidos apresentam muitas características do federalismo coercitivo e, em face da relativa ausência de instituições intergovernamentais, os estados se valem de pesado *lobby* dentro do Congresso para a promoção de seus interesses. Algumas federações altamente centralizadas, como a Malásia, têm pouco diálogo intergovernamental estruturado, dada a debilidade de suas unidades constitutivas.

Em outras federações, o governo central está cercado de maiores limitações e precisa adotar uma abordagem baseada na consulta e na cooperação. Isso, geralmente, é reflexo do grau de importância do patrimônio político dos governos das unidades constitutivas (poder, influência, recursos financeiros) e talvez decorra de fortes divergências regionais no país (por exemplo, Canadá e Índia). Em alguns casos (Alemanha, Suíça e África do Sul), há uma cultura de cooperação, que pode até configurar um princípio constitucional — embora a Alemanha seja um exemplo claro de como essa cultura pode ser prejudicada por conflitos partidários. Canadá, Austrália, Índia, México e Brasil tendem a exibir uma política bastante tumultuada, fundada no funcionamento de suas instituições e nas características de suas sociedades, mas, em todos os casos, há determinadas questões em que ambas as esferas de governo vislumbram interesse comum suficiente para gerar um acordo.

9
Unidade e diversidade

O desafio da unidade

A unidade é aspecto fundamental e um grande desafio em muitas federações, particularmente naquelas que apresentam divisões significativas de identidade entre classes, idiomas, etnias, religiões etc. Desafios relevantes à unidade podem existir tanto em regimes federativos, quanto em sistemas não federativos. Em alguns casos, o desafio assume a forma de um movimento separatista.

Já foi ressaltado que as federações são extremamente variadas no que diz respeito a suas instituições e à configuração social.

- Algumas são relativamente **homogêneas** e os cidadãos partilham um sentimento forte e dominante de identidade nacional. Em tais federações, a unidade não é uma questão de vulto, e as forças sociais presentes geralmente criam pressões por mais centralização.
- Outras apresentam grande **diversidade** e os cidadãos se identificam com grupos bastante distintos, cuja visão ou objetivos são conflitantes. Em alguns casos, os membros de um grupo particular podem encarar a própria identidade como algo incompatível com a identidade nacional, criando, assim, tensões em torno desta. Isso pode acontecer, especialmente, onde há concentração regional de um grupo populacional distinto.

O movimento irlandês por Home Rule (autogoverno) na Grã-Bretanha do século XIX, a longa guerra civil no sul do Sudão, a insurgência basca sob a ditadura de Franco, na Espanha, e a atual insurgência dos rebeldes tâmeis no Sri Lanka são exemplos de grandes desafios à unidade em países unitários. Os Estados Unidos, a Nigéria e o Paquistão, durante suas respectivas guerras civis, assim como o Canadá, com o movimento separatista de Quebec, são exemplos de federações que têm enfrentado desafios à unidade. Embora o risco de separatismo geralmente esteja associado ao federalismo, historicamente os movimentos separatistas têm, também, estado presentes em muitos países unitários.

Reprimindo a diversidade

Os grandes desafios à unidade podem ser combatidos com repressão, exclusão e políticas de assimilação cultural, mas tais métodos geralmente agravam o problema e podem conduzir à violência.

Alguns governos, especialmente os não democráticos, respondem às ameaças à unidade com tentativas de impor a subpopulações distintas a assimilação da cultura dominante, ou com o cerceamento da liberdade política dessas populações. Embora, historicamente, algumas dessas políticas de assimilação tenham obtido êxito na integração de minorias em um contingente populacional mais amplo (por exemplo, adoção do idioma majoritário), tais políticas apresentam risco potencial de criar fortes ressentimentos e um sentimento de alienação. Alguns grupos, notadamente os imigrantes, podem acatar políticas de assimilação, como o uso de um idioma majoritário não aceito por grupos há muito estabelecidos no país. Um grupo alvejado por políticas repressivas, que se torna profundamente alienado e vislumbra pouca perspectiva de resolução pacífica, pode apelar para a violência.

Abraçando a diversidade

As democracias, incluídas as federações, que se defrontam com desafios à unidade podem promover uma nacionalidade política positiva, percebida pelos cidadãos como compatível com suas respectivas identidades particulares, em um clima de tolerância e receptividade. Abraçar a diversidade como valor nacional pode reforçar a unidade.

No longo prazo, a unidade de uma democracia requer que a maioria substancial de seus cidadãos tenha um sentimento de identidade nacional e vínculos com o país. Isso é mais difícil de ocorrer quando um importante grupo populacional percebe a identidade nacional em flagrante conflito com sua identidade regional particular, étnica, religiosa ou linguística — por exemplo, porque o grupo está seriamente sub-representado no governo, sua religião é discriminada, porque seu idioma não é respeitado ou não pode ser usado.

Frequentemente, o desafio à unidade envolve não apenas a necessidade de lidar com as insatisfações de grupos minoritários, mas também a necessidade de promoção de uma cultura política de tolerância e de receptividade nas comunidades minoritárias e majoritárias. Algumas maiorias têm definido seu respectivo país em termos que refletem somente sua própria identidade, à custa da exclusão de comunidades minoritárias. No mínimo, uma cultura mais positiva deve promover a tolerância e o respeito às diferenças, mas a eficácia será ainda maior se houver um esforço coletivo de inclusão da diversidade como parte do caráter nacional, com símbolos e políticas que repercutem nos diferentes estratos na sociedade. Índia, Nigéria, Etiópia, Canadá, Suíça e África do Sul são exemplos de federações cujo modo de promoção da unidade envolve a aceitação da diversidade.

O sucesso do desenvolvimento dessa cultura pode ser difícil se os políticos ou líderes das várias comunidades (majoritárias e minoritárias) procurarem incitar medos e sentimentos hostis entre os grupos. Uma maioria dominante, como um grupo religioso ou linguístico, pode mostrar-se relutante em abrir mão de privilégios históricos. A Iugoslávia é um trágico exemplo. Uma liderança positiva pode ser vital, como evidenciam os exemplos de Mandela, Gandhi e Nehru.

Uma abordagem equilibrada da diversidade

A adoção da diversidade requer equilíbrio na construção dos aspectos intrínsecos e extrínsecos. Os aspectos extrínsecos envolvem a acomodação de demandas em torno da criação de um governo regio-

nal. Os aspectos intrínsecos estão relacionados à efetiva integração das principais minorias, assegurada pela participação em símbolos, instituições e políticas do governo central, bem como por meio de dispositivos constitucionais.

Criar ou fortalecer governos regionais controlados por populações locais pode capacitar um contingente populacional para decidir sobre questões importantes a seu respeito. Permite-lhe, também, enxergar aspectos que lhe são peculiares refletidos nas instituições governamentais locais. Essas são características centrais e típicas da acomodação e da cultura federalistas, que possibilitam a coexistência harmônica entre comunidades políticas nacionais e regionais.

Ao mesmo tempo, uma política de fortalecimento dos governos nas unidades constitutivas, que exclua a acomodação das principais minorias regionais nas instituições centrais, corre o risco de acelerar a dinâmica da desintegração num país. Se os grupos-chave não se considerarem adequadamente refletidos nas instituições centrais, é pouco provável que mantenham ou fortaleçam o sentimento de identidade nacional. Aumentam, assim, as chances de que venham a apoiar pleitos por mais autonomia ou, até mesmo, a secessão.

A construção dos aspectos extrínsecos: restituição de competência

A construção dos aspectos extrínsecos envolve a criação ou o fortalecimento de unidades constitutivas regionalmente definidas para atender às demandas de uma população territorialmente concentrada. Trata-se de um aspecto que se encontra no âmago dos arranjos federativos. Contudo, há questões práticas a observar: em uma federação estabelecida, pode ser difícil criar novas unidades; fronteiras regionais dificilmente contêm uma população muito homogênea e, portanto, pode haver minorias significativas dentro das regiões; pode haver limite do número de unidades regionais que, realisticamente, podem ser criadas; algumas populações com forte sentimento de identidade podem estar geograficamente dispersas; e manter arranjos acentuadamente assimétricos pode ser difícil.

A estabilidade de muitas federações, notadamente aquelas de grande diversidade, como a Índia, o Canadá e a Suíça, tem dependido da adoção de um federalismo devolutivo. Todavia, uma vez criada a federação, as normas constitucionais podem dificultar o redesenho das fronteiras para formação de novas unidades constitutivas. A Índia é a exceção mais notável: redesenhou o mapa de seus estados e cria, periodicamente, estados novos. A Suíça criou o novo cantão de Jura, após elaborado referendo. As fronteiras estaduais da Nigéria foram dramaticamente alteradas pelos regimes militares, por meio de procedimentos não constitucionais.

Em algumas federações, como a Índia, a Nigéria e a Etiópia, o número de grupos linguísticos e étnicos é muito maior que o de unidades constitutivas. Não é prático imaginar que todos os pequenos grupos disponham de unidade constitutiva própria (embora alguns estados indianos tenham subunidades nas unidades constitutivas com população majoritária e distinta). Além disso, as diferentes populações não vivem concentradas em determinadas parcelas territoriais, então, mesmo as unidades constitutivas habitadas, predominantemente, por certo grupo populacional podem não reunir todos os membros desse grupo que residem no país, cujas unidades constitutivas, individualmente, costumam abrigar uma ou mais minorias significativas. Por fim, alguns grupos étnicos, linguísticos ou religiosos bastante distintos podem estar tão amplamente dispersos, a ponto de não haver nenhuma possibilidade de se tornarem a população maior em uma dada unidade constitutiva. Assim, a criação de unidades constitutivas pode ser parte da resposta à diversidade, mas não toda a solução.

Em alguns casos, a devolução é muito mais adequada a uma parte da federação — que irá se beneficiar de maior autonomia, em função da restituição de competência — do que a outras, abrindo-se a possibilidade para a adoção de arranjos assimétricos. Estes, no entanto, podem ser difíceis de manter, caso envolvam poderes constitucionais substancialmente diferentes para as unidades constitutivas, em particular se a unidade aquinhoada com poderes especiais for relativamente grande.

A construção dos aspectos intrínsecos: representação eficaz em nível central

A construção dos aspectos intrínsecos promove a unidade, porque enfatiza o reconhecimento e o papel desempenhado pelas populações-chave nas instituições do governo central e provê proteção às minorias.

A abordagem equilibrada dos desafios à unidade normalmente leva em consideração os aspectos intrínsecos, de modo a assegurar que uma determinada população-chave, com identidade distinta, sinta-se devidamente reconhecida e representada nas instituições centrais do país e nos dispositivos constitucionais mais abrangentes.

Uma abordagem equilibrada poderia incluir:

- **a definição do país ou da comunidade nacional** tanto por meio dos símbolos nacionalmente aceitos (bandeira, direitos etc.) quanto por meio dos símbolos, história, religião e idioma das populações-chave (em lugar da exclusiva utilização dos símbolos da população majoritária);
- **a promoção de certos programas nacionais** (por exemplo, um mercado comum, um sistema nacional de saúde, um projeto previdenciário nacional) amplamente percebidos como projetos unificadores nacionais para benefício mútuo;
- a garantia de que os principais contingentes populacionais sejam adequadamente representados e dotados de poder perante as instituições centrais: práticas formais ou informais podem garantir uma composição representativa do governo, do funcionalismo público, do serviço militar. Em casos extremos (por exemplo, situações pós-conflito) pode haver partilha de poder dentro do governo, negociada entre as principais comunidades;
- **a proteção das minorias nas unidades constitutivas**: as federações geralmente têm maiorias e minorias distintas, tanto em nível nacional quanto no âmbito das unidades constitutivas. A proteção de minorias nas unidades constitutivas (idioma, religião, serviços públicos, direito à educação etc.) pode fazer parte do

propósito de equilibrar direitos e salvaguardas na federação, como um todo.

Políticas que envolvem questões linguísticas são particularmente sensíveis. Uma das grandes vantagens do federalismo em países de grande diversidade linguística é permitir que idiomas diferentes predominem em áreas diferentes (característica da construção extrínseca). Todavia, ao mesmo tempo, o federalismo precisa lidar com os problemas linguísticos das minorias, tanto na esfera central quanto no âmbito das unidades constitutivas (aspecto da construção intrínseca). Na prática, as políticas que envolvem questões linguísticas, geralmente, são muito complexas e requerem uma série de arranjos especiais. Em algumas federações (Índia, Nigéria, Malásia, Etiópia), adicionalmente às disposições referentes ao uso dos idiomas locais, um idioma não nativo pode ser adotado, como idioma comum principal, pelo fato de ser considerado mais neutro (o inglês, por exemplo, que também tem a vantagem de ser um dos principais idiomas internacionais). O Paquistão adotou o urdu, idioma de uma pequena minoria, como oficial, embora o inglês e o punjabi permaneçam muito importantes no país. A Indonésia, país não federativo, também elegeu como oficial o indonésio, falado por uma pequena minoria.

Assim como as maiorias podem se ressentir da inclusão dos idiomas minoritários, as minorias podem insistir nisso. Cada país precisa encontrar seu próprio ponto de equilíbrio. Geralmente (Canadá, Índia, Suíça, Etiópia), tanto em caráter central quanto nas unidades constitutivas, alguns direitos linguísticos encontram-se amparados pelo texto constitucional. Há, também, casos em que tais direitos são precipuamente matéria de natureza legal ou de prática costumeira, cabendo sua disciplina a cada uma das ordens de governo. A filosofia subjacente às políticas linguísticas varia entre as federações: algumas enfatizam o direito dos indivíduos, independentemente de onde estejam; outras associam os direitos linguísticos a determinados locais (ou esferas de governo).

Aspectos das políticas linguísticas em algumas federações

A **Índia** tem 40 idiomas falados por mais de 1 milhão de habitantes cada e 18 idiomas reconhecidos constitucionalmente. O híndi (língua materna de 18% da população e falada por cerca de 40% dos indianos) é o idioma nativo principal. O inglês é um idioma importante de ligação. Os estados podem eleger sua língua oficial entre os idiomas constitucionais e prestar serviços nesse e em outros idiomas. A **Nigéria** tem três idomas nativos oficiais importantes e, no mínimo, outros 450. O inglês é o principal idioma do governo e de instrução educacional, embora possam também ser usados os idiomas locais. Alguns direitos do cidadão — perante os tribunais, por exemplo — são exercidos no idioma compreendido e não no preferido. A **Etiópia** tem dois grandes idiomas nativos, além de 11 menores e de muitas línguas tribais. Nenhum é considerado oficial e todos, em princípio, desfrutam de igual reconhecimento. O inglês também é usado na educação e no governo. O amárico é o idioma de trabalho do governo federal e de alguns governos estaduais. Cada estado é livre para escolher um ou mais idiomas de trabalho. A **África do Sul** tem dois idiomas europeus e nove línguas nativas importantes, nenhuma das quais é falada por mais de um quarto da população. O inglês é dominante, embora seja encorajado o uso oral das línguas locais no âmbito das respectivas administrações e, em certo patamar, também na educação. Na **Malásia**, o malaio é o idioma materno de 62% da população, além de idioma oficial, entretanto o inglês merece destaque como idioma usado pelo governo e pelas cortes de Justiça. Os direitos linguísticos das minorias são muito limitados. A **Suíça** tem três idiomas oficiais e um nacional em nível federal, com 19 cantões unilíngues, três cantões bilíngues e um trilíngue. Nos cantões unilíngues, todos os serviços públicos e toda a instrução educacional são prestados no idioma local. Na **Bélgica**, também se enfatiza o conceito territorial de direitos linguísticos, de modo que as comunidades e regiões de língua holandesa e de língua francesa prestam serviços apenas em sua própria língua. A capital, Bruxelas, e o governo federal são bilíngues. O **Canadá** é oficialmente bilíngue em nível federal e também em New Brunswick, sendo que outras províncias asseguram vários direitos às minorias, como direito de acesso aos serviços públicos federais no idioma escolhido, onde o número de demandantes justifique. As leis canadenses determinam a observância de exigências linguísticas na embalagem de determinados produtos comercializados. Na **Espanha**, o castelhano (espanhol) é o único idioma nacional, que "todos os espanhóis têm obrigação de conhecer e usar". É a língua-mãe de três quartos dos habitantes. Há sete outros idiomas, de diferentes "nacionalidades", sendo o maior deles o catalão, idioma principal de 60% dos catalães. O catalão, o basco, o galego e o valenciano são os únicos idiomas de "nacionalidades" que podem ser considerados cooficiais, ao lado do espanhol, nas respectivas comunidades autônomas onde são falados, com direitos e obrigações variáveis.

Unidade pós-conflito

A criação de unidade em ambientes de pós-conflito impõe certos desafios. O federalismo pode ser parte de um plano ou estratégia de construção da paz.

A maior parte das federações há muito estabelecidas surgiu de modo pacífico. A Suíça é, de certa forma, uma exceção. Tornou-se uma federação após breve conflito entre os cantões que formavam a confederação precedente. Algumas federações têm experimentado períodos de violência interna: as guerras civis de secessão nos Estados Unidos e na Nigéria; a revolução mexicana; os vários conflitos argentinos; a insurgência, na Espanha, do país basco. As sociedades, em geral, ficam profundamente divididas após tais conflitos e pode levar muito tempo para que a política se normalize. No entanto, em todos os países mencionados, as questões relacionadas à secessão foram resolvidas ou bastante reduzidas.

Nos últimos anos, vários arranjos federativos experimentais foram introduzidos como parte de planos de paz pós-conflito. A Bósnia-Herzegovina, o Sudão, a República Democrática do Congo e o Iraque, todos adotaram instituições federativas ou se comprometeram a tanto, mas a implementação tem sido difícil e a situação permanece frágil. Uma provável adoção do federalismo está, atualmente, sendo considerada no Nepal, após o fim de uma insurgência maoísta. Apresenta-se, também, como solução possível para o conflito no Sri Lanka. Embora haja lógica na adoção de arranjos federalistas em tais casos, o desafio é alcançar o grau de confiança e de aceitação mútua, necessário ao funcionamento das instituições políticas com certo grau de estabilidade.

A questão da secessão

Não há instrumento constitucional padrão para lidar com possibilidades de secessão. Muitas constituições federais excluem tal possibilidade, mas há exceções. A concepção de procedimentos democráticos específicos para casos de secessão traz à tona questões significativas.

Muitas federações contam com dispositivos constitucionais asseverando a eterna unidade do país, ou vedando a possibilidade de secessão. Os Estados Unidos (uma "união indestrutível"), o México, o Brasil, a Nigéria, a Índia e a Espanha são exemplos. (A Espanha proíbe as comunidades autônomas de realizarem referendos sobre secessão.) Em outros casos, como Austrália, Alemanha e Suíça, a Constituição é omissa em relação à matéria. A Constituição etíope é incomum no que assegura o direito formal de secessão, que permanece controvertido e não experimentado. O Sudão prevê a possibilidade de um referendo sobre a independência do sul do Sudão, após 10 anos do acordo de paz, que contempla partilha de poder e arranjos federativos.

O direito internacional reconhece o direito à secessão apenas nos casos de flagrante abuso aos direitos humanos de uma determinada população ou de descolonização. A comunidade internacional é, normalmente, hostil à secessão, em face da possibilidade de desestabilização das relações entre os países. Na África, onde as fronteiras políticas abrangem várias etnias, o direito à secessão poderia destruir toda a estrutura estatal do continente. Apesar de tudo isso, tem havido casos de secessão ou de dissolução de países nas últimas décadas, como os da União Soviética, Iugoslávia, Tchecoslováquia, Paquistão e Malásia (na verdade, a expulsão de Cingapura).

O direito à secessão impõe um dilema às federações democráticas, pois conduz a um conjunto de tensões que põem em teste a solidariedade da comunidade nacional e podem induzir à chantagem regional. As federações se baseiam na noção de que os cidadãos pertencem tanto à comunidade nacional quanto à respectiva comunidade regional (unidade constitutiva). Ao longo do tempo, muitas decisões, acordos e compromissos podem ser firmados, de modo a vincular todas as partes do país num investimento moral em torno da continuidade. Contra isso, uma ampla maioria em favor da secessão impõe um problema crítico a uma federação. A Suprema Corte do Canadá decidiu que, em uma província, uma maioria manifesta que vote uma questão clara em favor da secessão dá a essa província o direito de buscar a secessão por meio de negociações, sem desfecho predeterminado por lei. As negociações precisariam reconciliar os direitos de duas maiorias legítimas e a decisão final seria de caráter político. Assim, a corte não chegou a admitir a existência do direito de secessão, mas conferiu peso moral ao voto inequívoco em favor da secessão. Em 2006, Montenegro separou-se da Iugoslávia, com 55% de votos favoráveis, segundo um critério previamente acordado.

10
Pensando sobre federalismo

Virtudes e limitações do federalismo

O federalismo ocupa um lugar de destaque no conjunto global de instrumentos para a governança democrática. Tem se mostrado eficiente em muitas democracias tradicionais e prósperas. Entretanto, o federalismo não pode garantir mais democracia ou melhor governança do que os governos unitários.

O federalismo é, claramente, uma forma testada de governança, com as virtudes e deficiências peculiares aos demais sistemas democráticos de governo. Não está imune aos conflitos, à corrupção e à ruptura da ordem democrática. Contudo, sem dúvida é adequado às circunstâncias de muitos países, notadamente as democracias muito populosas, com amplos territórios ou de grande diversidade populacional. Algumas federações bem estabelecidas, como os Estados Unidos e a Austrália, tornaram-se mais centralizadas em função das comunicações modernas, das tendências à coordenação de políticas e das pressões da globalização. Outras, como o Canadá, a Índia e a Suíça, permanecem ou se tornaram bastante descentralizadas.

A relevância crescente do federalismo

Atenção cada vez maior vem sendo dada ao federalismo com a disseminação dos governos democráticos, com o aumento das políticas de identidade em alguns países, com as novas experiências de unificação de antigos países soberanos e com as tentativas de

encontrar fórmulas de governança estável em situações de pós-conflito.

Uma série de fatores está tornando o federalismo mais relevante no mundo moderno. Talvez o mais fundamental entre eles seja a disseminação da democracia, que vem revitalizando antigas federações autoritárias ou criando pressões por federalismo em certos regimes unitários. Além disso, o federalismo está se configurando como uma opção em situações de pós-conflito onde atuam poderosas forças, internas e externas, contra a secessão.

Condições para o êxito do federalismo

O federalismo funciona melhor onde há amplo respeito pelo Estado de Direito, cultura de tolerância e de aceitação entre diferentes grupos populacionais e significativos traços de identidade comum. Os arranjos institucionais podem ser importantes para o alcance da estabilidade.

Embora algumas federações tenham sobrevivido a grandes traumas, não há dúvida de que uma federação tende a funcionar melhor quando a sociedade respeita o Estado de Direito e a independência do Judiciário. Sociedades muito diversificadas demandam cultura política de tolerância e de aceitação. Nas federações onde existem grandes hostilidades regionais em torno de diferenças étnicas, linguísticas ou religiosas, pode haver maior estabilidade, se for dado um passo além da mera tolerância à diversidade, efetivando a adoção dessa característica como parte do que define o país e do que lhe confere o devido valor. Alguns arranjos institucionais podem ajudar as sociedades a gerir seus conflitos, mas, sozinhas, as instituições não são suficientes: é preciso haver um compromisso mais amplo de toda a sociedade em relação ao espírito de diversidade.

Os líderes podem ser muito importantes em relação a isso: eles dividem a sociedade, como fez Milosevic na Iugoslávia, ou constroem um espírito de identidade nacional, como fizeram Gandhi e Nehru na Índia e Mandela, na África do Sul.

Várias experiências de federalismo fracassaram, mas isto geralmente em democracias imaturas, em casos de pouca tradição histórica de país compartilhado, ou em estruturas federais de apenas duas ou três unidades constitutivas, cada uma representativa de comunidades bastante distintas. Em alguns países altamente diversificados, o federalismo, provavelmente, é a única forma de governança constitucional compatível com a estabilidade democrática.

Aprendendo com o federalismo comparado

Não há fórmulas mágicas para conceber ou compreender as instituições do federalismo, mas a apreciação comparada das diversas federações pode ser útil na análise do funcionamento dos diferentes arranjos federais em contextos específicos.

A organização política das sociedades complexas não permite abordagens simplistas tipo "receita de bolo" quando se trata de esboço institucional. Sabemos que instituições similares podem operar de modo bastante diverso em diferentes contextos sociais e políticos. Os mesmos arranjos federativos podem surtir efeitos díspares se aplicados a uma sociedade mais homogênea ou a outra mais diversificada. Porém, frequentemente o diabo reside nos detalhes, de modo que é preciso enxergar além dos grandes arranjos institucionais — número de unidades constitutivas, divisão dos poderes, estruturas executivas e legislativas — para entender regras e práticas mais detalhadas que contribuam para a real configuração do funcionamento das instituições. O estudo comparado do federalismo pode nos proporcionar maior clareza quanto às perguntas que devem ser formuladas, quanto às relações que merecem especial atenção e quanto aos prováveis impactos de certos arranjos. Faz de nós observadores mais atentos e acentua nossa capacidade de julgamento.

Leitura adicional

Há vasta literatura sobre federalismo. A lista a seguir abrange publicações relativamente recentes numa perspectiva comparada, tendo sido incluídas, para a edição brasileira, algumas obras em português.

O asterisco (*) ao final de algumas referências indica obra do Fórum das Federações e da Associação Internacional de Centros de Estudos Federais, *Diálogo global sobre federalismo*. As obras intituladas *Foreign relations in federal countries* (Hans J. Michelmann, ed.) e *Local government and metropolitan regions in federal countries* (Nico Steytler, ed.) encontram-se em preparação, bem como outros títulos sobre assuntos distintos. Cada uma dessas obras se encontra resumida em livretos, publicados pelo Fórum das Federações e disponíveis online no endereço *www.forumfed.org*. O website contém ainda diversos outros artigos sobre federalismo, incluindo material extraído de algumas das publicações já citadas.

ABRUCIO, F. L. *Os barões da federação*: os governadores e a redemocratização brasileira. São Paulo: Hucitec/Departamento de Ciência Política — USP, 1998.

AGUIRRE, B. M. B.; MORAES, M. R. A questão federativa no Brasil: "o estado das artes" da teoria. *Revista de Economia Política,* São Paulo, v. 17, n. 1/65, p. 121-135, 1997.

AMORETTI, Ugo M.; BERMEO, Nancy (Eds.). *Federalism and territorial cleavages*. Baltimore: Johns Hopkins University Press, 2004.

BARROSO, Luís Roberto. *Direito constitucional brasileiro*: o problema da federação. Rio de Janeiro: Forense, 1982.

BIRD, Richard; STAUFFER, Thomas (Eds.). *Intergovernmental fiscal relations in fragmented societies*. Fribourg, Suíça: Institute of Federalism, 2001.

BLINDENBACHER, Raoul; KOLLER, Arnold (Eds.). *Federalism in a changing world*: learning from each other. Montreal: McGill-Queen's University Press, 2003.

BOADWAY, Robin; SHAH, Anwar (Eds.). *Intergovernmental fiscal transfers*: principles and practice. Washington, DC: World Bank, 2007.

BOTHE, Michael. *Federalismo, um conceito em evolução*. São Paulo: Fund. Konrad Adenauer, 1995.

BURGESS, Michael. *Comparative federalism*: theory and practice. London: Routledge, 2006.

CAMARGO, Aspásia. *Federalismo cooperativo e o princípio da subsidiariedade*: notas sobre a experiência recente do Brasil e da Alemanha. São Paulo: Fund. Konrad Adenauer, 2001.

CASSEB, Paulo Adib. *Federalismo* — aspectos contemporâneos. São Paulo: Juarez de Oliveira, 1999.

ELAZAR, D. J. *Exploring federalism*. Tuscaloosa: University of Alabama Press, 1987.

GIBSON, Edward L. (Ed.) *Federalism and democracy in Latin America*. Baltimore: Johns Hopkins University Press, 2001.

GRIFFITHS, Ann L. (Ed.) *Handbook of federal countries, 2005*. Montreal: McGill-Queen's for the Forum of Federations, 2005.

HEUGLIN, Thomas O.; FENNA, Alan. *Comparative federalism*: a systematic inquiry. Peterborough Ontário: Broadview Press, 2006.

INTERNATIONAL SOCIAL SCIENCE JOURNAL. Special Issue on Federalism, 2001.

KINCAID, John; TARR, G. Alan (Eds.). *Constitutional origins, structure, and change in federal countries*. Montreal: McGill-Queen's University Press, 2005.*

LE ROY, Katy; SAUNDERS, Cheryl. *Legislative, executive and judicial governance in federal countries*. Montreal: McGill-Queen's University Press, 2006.*

MAJEED, Akhtar; WATTS, Ronald L.; BROWN, Douglas M. *Distribution of powers and responsibilities in federal countries*. Montreal: McGill-Queen's University Press, 2006.*

MORAES, Marcos Ribeiro de. *As relações intergovernamentais na República Federal da Alemanha*. São Paulo: Fund. Konrad Adenauer, 2001.

PRADO, Sérgio et al. *Transferências intergovernamentais na federação brasileira — avaliação e alternativas de reforma*. v. 1-2. Brasília: Fórum Fiscal dos Estados Brasileiros, Brasília, 2008. Caderno n. 6.

PUBLIUS: THE JOURNAL OF FEDERALISM. Special Issue: The Global Review of Federalism, 2002.

REZENDE, Fernando. Modernização tributária e federalismo fiscal. In: ______; OLIVEIRA, Fabrício Augusto de (Orgs.). *Descentralização e federalismo fiscal no Brasil*. São Paulo: Fund. Konrad Adenauer, 2003.

ROCHA, Cármen Lúcia Antunes. *República e federação no Brasil*. Belo Horizonte: Del Rey, 1997.

SCHWARTZ, Bernard. *Direito constitucional americano*. Trad. Carlos Nayfeld. Rio de Janeiro: Forense, 1966.

______. *El federalismo norteamericano actual*. Madrid: Civitas, 1993.

SHAH, Anwar (Ed.). *The practice of fiscal federalism*: comparative perspectives. Montreal: McGill-Queen's University Press, 2007.*

STEPAN, A. Muito além do modelo americano: nunca foi tão necessário reavaliar riscos e benefícios do sistema federativo. *O Estado de S. Paulo*, São Paulo. Caderno 2, 5 mar. 2000. Disponível em: <www.estado.com.br/jornal/00/03/05/news003.html>. Acesso em: 14 mar. 2000.

TARR, G. Alan; WILLIAMS, Robert, F.; MARKO, Josef (Eds.). Federalism, subnational constiutions, and minority rights. Westport: Praeger, 2004.

TER-MINASSIAN, Teresa (Ed.). *Fiscal federalism in theory and practice*. Washington, DC: International Monetary Fund, 1997.

WATTS, Ronald L. *Comparing federal systems*. 2. ed. Montreal: McGill-Queens University Press: Montreal, 1999. 3. ed. 2008.

______ *The spending power in federal systems*: a comparative study. Montreal: McGill-Queen's University Press, 1999.

Este livro foi impresso nas oficinas gráficas da Editora Vozes Ltda.,
Rua Frei Luís, 100 – Petrópolis, RJ,